心を操る話し方の科

超トーク力

メンタリストDaiGo

CCCメディアハウス

はじめに

『超トーク力』を手に取ってくださって、ありがとうございます。

メンタリストＤａｉＧｏです。

人とうまく話をするのって、本当に難しいですよね。


私はＹｏｕＴｕｂｅやＤラボなどで、科学と心理学を題材にしたさまざまな話を動画配信しています。ときには、ゲストを招いて対談することもあります。

そして、動画を見た人からは「ＤａｉＧｏさんは話すのがうまいですよね」「どうしてあんなに淀みなく早口で話せるんですか」「コラボした相手から話を引き出すのが上手ですね」とほめていただくこともあります。

素直にありがたく思いながらも、心の中には「うまくいっているのならいいけれど」とドギマギしている自分もいます。

というのも、私は子どもの頃からずっと「会話が得意ではない」というコンプレックスを抱いてきたからです。今でこそ、話すことを楽しめるようになりましたが、根底にあるコミュニケーションへの苦手意識は残っています。

それを改めて実感するのが、講演会場やテレビ出演でテレビ局に出向いたときです。日頃の動画配信は文字通り、ホームである自宅の本の部屋から発信しています。周りにいるのは愛する猫たちと、気心の知れた仲間たちです。

でも、登壇者や出演者になるときはアウェーに出向き、初対面やほどほどの距離感の人たちの輪に入ることになります。

たとえば、テレビ番組の収録が行われるスタジオと控室の間には、出演者が待機するための前室と呼ばれるスペースがあります。飲み物やお菓子も用意されていて、芸人さんやタレントさんたちはそれぞれに近況を伝え合い、にぎやかな雰囲気です。

でも、私は前室にいるのが苦手で、本番の声がかかるまで気配を消すように壁際に立ち、本を読んでいます。これは企業や地方での講演でも変わりません。できるだけ人が集まる場は避け、控室で静かに過ごします。

なぜそうなってしまうかというと、普段の私は人見知りで、無口だからです。
しないので済むなら雑談はしたくないですし、1、2回会ったくらいの微妙な間柄の人となんとなく話さなければいけないシチュエーションは、避けられる限り避けたいのが本音です。

きっと、この本を手にしてくれたあなたも、話し方に関する悩みを抱えているのではないでしょうか。

・初対面の人とのぎこちない会話
・取引先との重苦しい商談
・上司との気をつかったやりとり
・大勢の前でのプレゼンテーション
・緊張でギクシャクした語りになってしまう、新たなコミュニティに入るときの自己紹介
・距離感の取り方に悩んで疲れてしまう、義両親との世間話
・なかなか真意が伝わらずにもどかしい、パートナーとの真剣なコミュニケーション

「話し方」は、人生のあらゆる場面に否応なく関わってくるにもかかわらず、自分から勉強しようと思わないと誰も教えてくれない、不思議なスキルです。

好意を持って話しているのに、悪印象が残ってしまうこともあります。

日本語を話せているから、説明が正確に伝わるわけでもありません。

話すことがないから黙っているだけなのに、「無愛想」と責められることもあります。

いったい、何が正解なのでしょう。

子どもの頃から人見知りで、うまく話せないコンプレックスを持っていた私は、メンタリストとして世に出てからも、悩んできました。

でも今は、あらゆるシチュエーションで必要に応じてうまく話せるようになっています。

にぎやかな前室の壁際で本を読むほうが性に合っているのは変わりませんが、輪の中に入って雑談を楽しむことも、自分の持っている知識を活かして人の相談に乗ることも、大勢の前で話をすることも苦ではありません。

心の中に話すことへの苦手意識やコンプレックスは残っていますが、周りから見れば、話すのがうまい人になれたのです。

その**変化の秘密は、話し方の科学**にあります。

調べてみると、世界中の研究者が「話し方」「伝え方」をテーマに多くの研究を行い、多くの役立つ研究結果を発表してくれていました。

私はそうした論文や専門書を読み、自分なりに試行錯誤しながら「話し方」という不思議なスキルを突き詰めていきました。

すると、**どんな会話にも一定のルールがあった**のです。

オフィシャルな場面での日常会話、商談、プレゼン、会議、プライベートでの世間話、込み入った相談事、雑談など。

どんな場面にも、どのくらいのリズムで、どういった話題を話すかの原理原則があり、それを知ることで、場を盛り上げたり、相手との関係を深めたり、説明をしっかりと理解してもらったりすることが可能です。

しかも、話し方の科学は何千、何万という人たちが参加した実験によって明らかになったもので、飛び抜けて優秀な誰かが自分の経験を背景にまとめた手法ではありません。**誰が真似しても一定の成果が出せる再現性があるからこそ、科学なのです。**

また、土台となる、あなたの性格や得意不得意を変える必要もありません。コミュニケーションを取ることに苦手意識があっても、自分の言葉づかいや口調にコンプレックスを持っていても、大丈夫。なぜなら、聞き手はあなたの口から出る言葉だけではなく、全体的な人柄を見ながら話を聞いているからです。**土台となる人柄はそのままに、スキルを上乗せしていきましょう。**

ゆったりとした語り口も、時々噛んでしまう不器用さも、人前に出ると緊張してしまう性格も、私のように好きなジャンルの話はつい早口になってしまうクセも、スキルと組み合わせれば独特の魅力となります。

話すことが苦手だった私は、今では動画配信を中心にほぼ話すことが仕事になっています。学生時代からの悩みの1つであった「好きなことになると早口になり、周りの反応を置き去りにしてしまう空気の読めない話し方」は、科学的な説明のスキルや共感を引き出す話し方の原理原則を知ったことで、武器に変わりました。

話し方は、誰でも、何歳からでも、学びながら鍛えることができます。

『超トーク力』は、私が頼った科学的な話し方のスキルを紹介し、それを実践してもらうことであなたの人生を大きく変えていく本です。

もし、あなたの求めているものが会話の隙間を埋めるネタやその場を切り抜けるテクニックであるのなら、別の本をお探しください。

しかし、一生役立つ「話し方」を学びたいと思っているなら、全力でオススメすることができます。**この本を読んで、試してみると、あなたに対する周囲の人たちの反応が劇的に変わっていくのを実感できるはずです。**

すると、人づきあいがラクになり、大事な人から信頼され、チャンスが次につながり、大きな成果が生まれます。

あなたも最強の話し方を手に入れてください。**その効果は一生持続します。**

超トーク力

もくじ

第2章

聖書でも使われる最強の話術「ストーリーテリング」

第3章
脳神経学者がオススメする話に深みを出すためのポイント

第4章

会話に悩む人、会話がうまく回らない人が話せるようになる技術

第5章 自宅でできる会話トレーニング

編集協力／佐口賢作　リサーチ／鈴木祐　ブックデザイン／渡邉民人＋谷関笑子（TYPEFACE）
撮影／河内彩　ヘアメイク／永瀬多壱（Vanites）　スタイリスト／松野宗和
校正／株式会社 文字工房燦光

序章

めざすのは、スムーズな人間関係を作るための話し方

話し方が変われば自己肯定感も上がる

改めて、あなたが「話し方」に求めているのは、どんな成果ですか？

・多くの人に好かれたい
・初対面でも、うまく話したい
・会話の間の気まずい沈黙を避けたい
・相手から賢そうに見られたい
・自分の意図をきちんと伝えたい
・誰に対しても、説明上手になりたい
・滑らない雑談をして、場を盛り上げたい
・大切な人の力になりたい

お任せください。

これからお伝えしていく「超トーク力」を身につければ、どの成果も実現します。

なぜなら、あなたが求める自分の姿や人間関係、手に入れたい成果をしっかりと思い浮かべて、シチュエーションごとに最適な科学的な話し方を選ぶことで、確実に話し相手の反応が変わってくるからです。

とはいえ、立て板に水のような語り口の噺家さんや正確な日本語をきっちりとしたペースで話すアナウンサー、会話の流れを読み切ってドカンドカンと笑いを取るお笑い芸人のような話のプロになる必要はありません。

「超トーク力」としてお伝えするのは、職場や趣味の集まり、恋人、友人関係、家族など、**身近な人間関係を円滑にする話し方**です。

紹介するスキルを意識し、実践していくと、きっと、こんな評判が立ち始めます。

「あの人と話すと気分がいい」
「あの人とは初対面だったのに、すぐに打ち解けられた」
「なぜか、あの人といると沈黙も心地いいんだよね」
「あの人、何を聞いても答えられて、本当に賢いよね」

「あの人は、どんな意図があるかきちんと伝えてくれるから、仕事がしやすい」
「身近にいる説明上手な人といえば、あの人だよね」
「たくさん話すわけじゃないんだけれど、あの人がいると場が盛り上がる」
「振り返ってみると、節目節目であの人に悩みを相談して、力になってもらっている」

もう、会話で悩まない

日常生活がうまく回り始めると、人は自分に自信が持てるようになります。その自信があなたに余裕を与え、魅力的にし、話す言葉と内容に説得力を持たせてくれるのです。

・科学的な話し方を知る
↓
・話し方が変わり、人間関係が円滑になる
↓
・コミュニケーションに自信が持てるようになる

・自信が余裕と魅力を生み、話す言葉と内容に説得力が増していく

↓

このサイクルが回り始めると、もう一段上の成果が出るようになります。

たとえば、重要なプレゼンテーションで堂々と話せるようになったり、取引先のキーマンと深い信頼関係を築くような会話が重ねられるようになったり、「はじめまして」の人ばかりのコミュニティに飛び込んでも自分らしく振る舞えるようになったり……。

場面に応じて話し方を変えていくと、仕事も人間関係もうまく回転し始めることは、「話し方」や「伝え方」に関する研究でも明らかになっています。

つまり、「超トーク力」を身につけると、あなたは最初にこの本を手にしたときの想像を超える成果を得ることができるのです。

そんな「超トーク力」を本書では、次のような章立てで紹介していきます。

第1章　科学的に最強な雑談力「会話スターター」

雑談や日常会話について悩んでいる人へ

第2章　聖書でも使われる最強の話術「ストーリーテリング」
説得、営業、プレゼン、自己紹介に悩んでいる人へ

第3章　脳神経学者がオススメする話に深みを出すためのポイント
なかなか人と親しくなれない、じっくり語り合えないことに悩む人へ

第4章　会話に悩む人、会話がうまく回らない人が話せるようになる技術
どうして、自分は人と話すのが苦手なのか知りたい人へ

第5章　自宅でできる会話トレーニング
声のトーンや話すスピードを具体的に知りたい人へ

構成は、第1章で日常会話を円滑にするスキル「会話スターター」を身につけ、第2章で話した相手の記憶に残り、説得しやすくする「ストーリーテリング」のスキルを学び、第3章で大切な人と深くコミュニケーションを取る方法を知る……というステップになっ

ています。

しかし、必ずしも第1章から順番に読み進める必要はありません。あなたが抱えている悩みのヒントになりそうだと感じた章から読み始めてください。

あなたが話し方で悩んでいることは？

ただ、新しいスキルを身につけようとするとき、なぜか脳があなたの行動を邪魔します。「このままではいけない」と悩んでいるのに、いざ打開策を知り、取り組もうとすると、「よりひどい状態になるかも……」と不安になり、現状を維持しようとする「現状維持バイアス」が働いてしまうのです。

現状維持バイアスの力は非常に強く、本を読んで新しい知識や方法を仕入れ、「これでうまくいくかも！」と思ったのに行動に結びつかない大きな原因の1つとなっています。

もし、あなたがこれまでに「話し方」や「会話術」の本を読み、内容に納得したのにうまくいかなかった経験があるなら、それは現状維持バイアスが変わろうとするあなたを邪魔したからです。

では、どうすればこのバイアスを遠ざけることができるのでしょうか。

その最も効果的な方法が、強い関連性を感じること。つまり、**新しく取り入れた知識が、あなたの抱えている問題を解決してくれると信じられること**です。

本当に悩んでいる事柄にスポットを当て、その打開策を提案しているページから読み始めることで、「変わりたい」という思いが現状維持バイアスを遠ざけ、あなたを行動へと促してくれます。

ですから、「雑談がうまくできない」と困っているなら第1章を、「プレゼンを成功させたい」と願っているなら第2章を、「上司と本音で話せるようになりたい」と思うなら第3章を最初に開いてみてください。

また、「自分ではそれなりにうまく話しているつもりが、どうも人間関係が広がらない」「職場で浮いている気がする」「話すこと自体にコンプレックスがある」といった悩みがあるなら、第4章から読み始めましょう。あなたが気づいていない会話中の弱点が、見えてくるはずです。

そして、会話中の目線の動かし方、適切な話すスピード、緊張のほぐし方など、具体的なアクションについて知り、トレーニングしたいという希望があるなら、第5章からスタートしても構いません。

大切なのは、今、あなたが強く欲している「話し方」の情報にふれること。それが読んで得た知識を行動へとつなげる動機づけになるのです。

読み進めながら、「やってみたい」と思ったスキルを身近にいる人との会話に活用してみてください。実践で試すことは、どんな長時間の読書にも勝る知識と経験をあなたに与えてくれます。

話してみて、相手の反応を見て、対応するページを読み返し、また試す。この繰り返しの先に、目指すゴールがあります。

では、前置きはこのくらいにして、「超トーク力」とはどういうものか、最短で身につける方法を解説していきましょう。

第1章

科学的に最強な雑談力
「会話スターター」

◀ 雑談は人と人とのおつきあい

親しさを築くはじめの一歩

「雑談の意味ですか？『雑な話だったら、しないでくれる？ その間、僕は本を読んでいるから』と思っちゃいますね」

7、8年ほど前、ビジネス誌の取材で「雑談にはどんな意味があるのでしょう？」と聞かれたとき、私はそう答えました。しかも、ばっさり切った上で「雑談で悩む意味がわからない。間を埋めるような会話をする必要ってあります？」と返したことを覚えています。

今も個人的には、雑談をするよりも本を読む時間が好きです。でも、「話し方」について学んだことで認識が変わりました。

研究からも、個人的な経験からも雑談が持つメリットを知り、「雑談で悩む意味がわからない。間を埋めるような会話をする必要ってあります？」と言い切っていたことを反省しています。

雑談を交わす最大のメリットは、話し相手との親密度を高めるきっかけになることです。

言われてみれば当たり前ですが、私たちは言葉を交わすうちに相手と打ち解け、親しくなっていきます。

つまり、雑談は親しさを築くはじめの一歩となるのです。

仕事上つきあう必要があるといった状況でない限り、私たちは相手と話してみて、気が合いそうなら仲よくなっていき、そうでもなければ自然と距離を置くようになります。

そんな雑談を交わすメリットについて詳しく調べたのが、カナダにあるウィンザー大学の研究です。研究チームはオフィスにあるウォーターサーバーに水を飲みに行ったとき、何気ない雑談をする人としない人が、社内でどのような評価を得ているかを比較しました。

すると、雑談をする人はしない人に比べて職場での好感度が高く、その人の能力に対する評価も高くなる傾向があったのです。しかも、業務上重要なプロジェクトのメンバーに採用される確率も上がり、その人が困っているとき、周囲からの助けが得やすいこともわかりました。

この研究では、挨拶から始まる**ちょっとした雑談が仕事をしていく上で大きなメリットをもたらしている**ことがわかったのです。

雑談はお金では買えない価値を生み出してくれる

・周囲の人から好感を持たれ、評価されること
・能力を認められ、信頼を得ていること
・助け合える関係を築いていること

こうした人間関係の恩恵を社会学や経済学では、ソーシャル・キャピタル（社会関係資本）と呼んでいます。

ソーシャル・キャピタルは、日頃から積極的に交流を重ねることで生まれる人間関係があってこそ高まるもので、お金では買えません。ただ、こうした人間関係の恩恵を多く得ている人ほど社会的に成功していくことは心理学、行動経済学、社会学などの複数の研究で明らかになっています。

つまり、**雑談はお金では買えない価値を生み出してくれる**のです。

また、私たちには**同じ人に何度も会うと相手に好意を持つという本能が備わっています。**これは心理学で「単純接触効果」と呼ばれますが、挨拶をし、雑談を交わすことも単純接触効果が生じる行動の1つです。

アメリカのノートルダム大学が男女200万人を対象に行った研究で、相手の好意を維持する接触回数、好意が増す接触回数、好意が減る接触回数が明らかになっています。

分岐点は、15日に1回でした。最低でも15日に1回のペースで接触しないと好意は薄れていき、逆にそれ以上の頻度でコンタクトを取っていると好意が増していったのです。

ちょっとした立ち話、たまたま一緒になったエレベーターでの雑談、挨拶代わりの短いLINEのやりとりなどが、相手との関係を良好にし、それがソーシャル・キャピタルを高める土台となっていきます。

ちなみに、お互いに「この人と会いたい」「一緒にいたい」と思い、積極的に共に過ごした時間が200時間を超えると、心を許し合える関係が結ばれることもわかっています。

挨拶のあとに交わした雑談の内容を覚えている？

また、別の角度から雑談によって生じる大きなメリットを示すデータもあります。

2004年にアメリカの世論調査機関であるギャラップ社が500万人という膨大な人数を対象に、「友達が個人に与える幸福度」に関する調査を行いました。

それによると、職場に少なくとも3人の気心の知れた友達がいるだけで、人生の満足度が96％も上昇し、自分の給料への満足度が200％高まることがわかりました。

実際に受け取る金額が増えるわけではありませんが、「友達はいない」と感じている同僚よりも、3人の仲間がいる人は圧倒的に自分の待遇に満足できるのです。

さらに、職場に最高の友達がいると感じている人は、仕事へのモチベーションが大きく上昇し、生産性が高まるというデータも出ています。

これだけ**幸福度を左右する気心の知れた友達を作るきっかけとなるのも、雑談**です。

・雑談は、親しさを築くはじめの一歩となる
・雑談は、ソーシャル・キャピタルというお金では買えない価値を生み出してくれる
・雑談は、人生の幸福度を高める気心の知れた友達を作るきっかけとなる

こうしたメリットを踏まえると、とても「間を埋めるような会話をする必要ってあります？」とは言えません。雑談を積極的にしていったほうがいいのは、明白です。

とはいえ、「それだけ重要な意味を持つ雑談だから、しっかりと考えて話さなければならない……」と身構える必要はありません。

「何を話せばいいかわからない」と戸惑い、「盛り上げるためにがんばらなくては」と意気込むのもやめましょう。**雑談は、あくまで雑談です。**話し相手との親密度を高めることに成功している人たちも、おもしろい話をしているわけではありません。

謎かけのようになりますが、**雑談で交わされる会話の内容そのものには、ほとんど意味がない**からです。

たとえば、あなたが仲のいい友達と待ち合わせをして会ったときのことを思い出してみてください。

「こんにちは。久しぶり」「ホント、久しぶりだね」と挨拶を交わしたあと、どんな雑談を始めたか覚えていますか？

そう聞かれて、パッと思い出せる人はほとんどいません。

久しぶりに会えてうれしかったこと、その後、一緒にランチを食べながら共通の知り合いの結婚話で盛り上がったことは覚えていても、会話の始まりとなったやりとりが強く印象に残ることはまずありません。

最初に何を話したか、正確に覚えている人はいないのです。

雑談と「雑な話」はまったく違う

これは、日常的に交わされる雑談にも当てはまります。

たとえば、初めて会う仕事先の人と交わした「はじめまして」の挨拶と緊張感は覚えていても、その後に二度、三度と往復したはずの世間話のことは忘れ、商談に手応えがあったかどうかの印象が強く残ります。

気になる異性とのデートでも、緊張をほぐす意味では役立った雑談の内容はどこかに消えて、相手の好意を感じとれたやりとりが強く印象に残ります。

これは、人間の記憶の構造と関係しています。ノーベル賞を受賞した心理学者で行動経済学者のダニエル・カーネマン博士が提唱する「ピーク・エンド・セオリー」は会話にも当てはまり、話が最も盛り上がった（ピーク）のシーンと別れ際や別れたあとの印象（エンド）が、記憶に残るのです。

商談ならば相手の興味関心、デートならば相手が向けてくれた好意であり、その前後の雑談がピークとなることはありません。

とはいえ、雑談は会話をスタートさせるときに欠かせない要素ですし、その回数が増すことで親密度も高まっていきます。しかし、**雑談そのものがコミュニケーションの主役にはなりません。**

これが先ほど、「雑談で交わされる会話の内容そのものにはほとんど意味がない」と書いた理由です。

雑談の狙いは、「相手といい雰囲気のやりとりができた」「お互いに似たところもあって

雑談の狙いはここにある

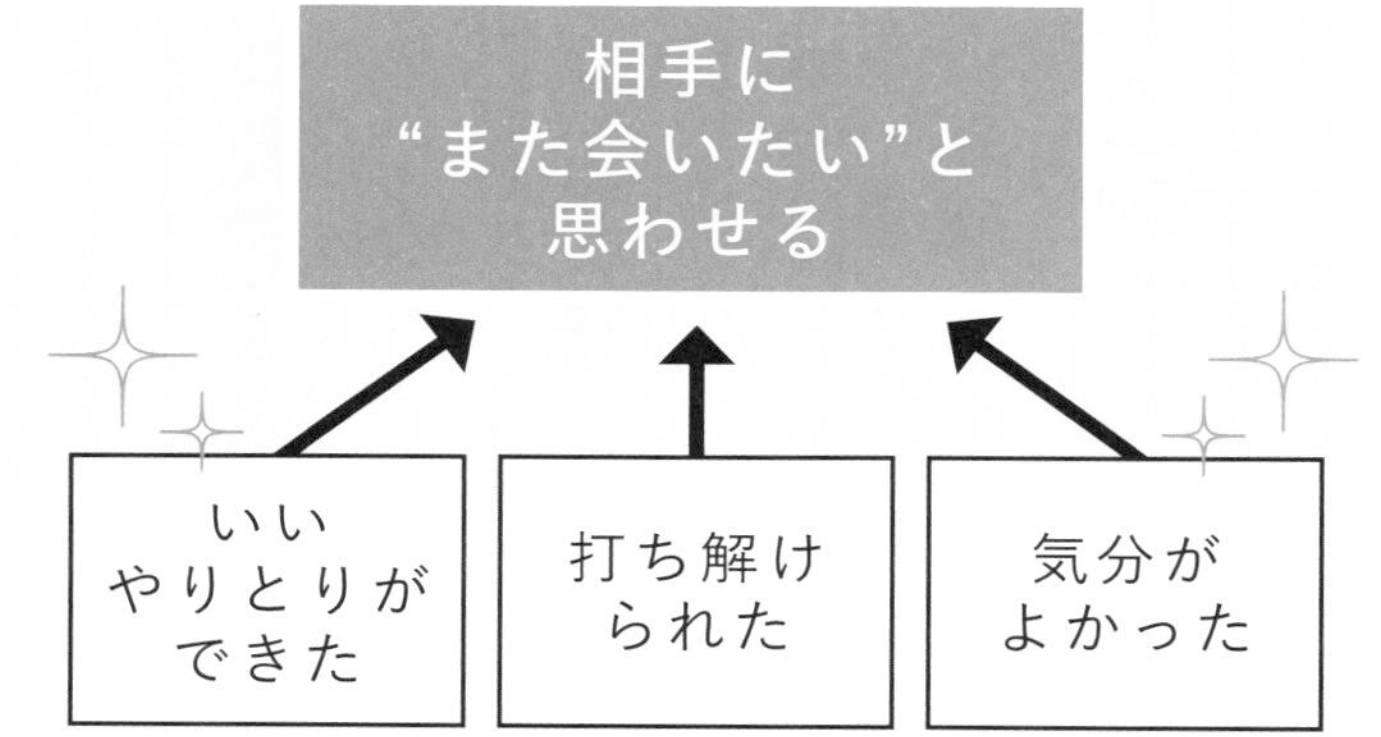
相手に
“また会いたい”と
思わせる
いい
やりとりが
できた
打ち解け
られた
気分が
よかった

打ち解けた」「話していて気分がよかった」といった印象を残すこと。それができれば、大成功です。

では、どうすれば雑談で好印象を与えることができるのでしょうか。答えは明確です。

それは、**できるだけ早い段階で、話し相手の感情を動かす問いを投げかけること。**

雑談にありがちな「今日はいい天気ですね」「そうですね」といった天気の話、「家から会社まではどの路線を使っているんですか？」「A駅からB駅に出て、乗り換えて、45分くらいですかね」といった通勤通学の経路の話題では、話し手、聞き手どちらの感情も動きません。

ただただ、ぼんやりとした情報が行き交い、まさに「雑な話」が続くだけ。もちろん、好印象が残ることもありません。

そこで、**早めに話し相手の心を動かすためにオススメしたいのが、「トゥー・クエッションヨン・テクニック」**です。次の項目で詳しくお伝えしていきます。

POINT

雑談は親しさを築くはじめの一歩。
しかし、内容そのものには意味がない。
大切なのは、相手にいい印象を残すこと。

最初に身につけたい「トゥー・クエッション・テクニック」

話し相手の感情を動かすテクニック

トゥー・クエッション・テクニックは、先ほど紹介した「ピーク・エンド・セオリー」を提唱したダニエル・カーネマン博士の実験から導き出した親密度を高める会話のテクニックです。

やり方は簡単。雑談の序盤に、次の2つの質問をするだけです。

1．最近の出来事について尋ねる（ポジティブなものでも、ネガティブなものでもかまいません）

相手の感情を引き出す2つの質問

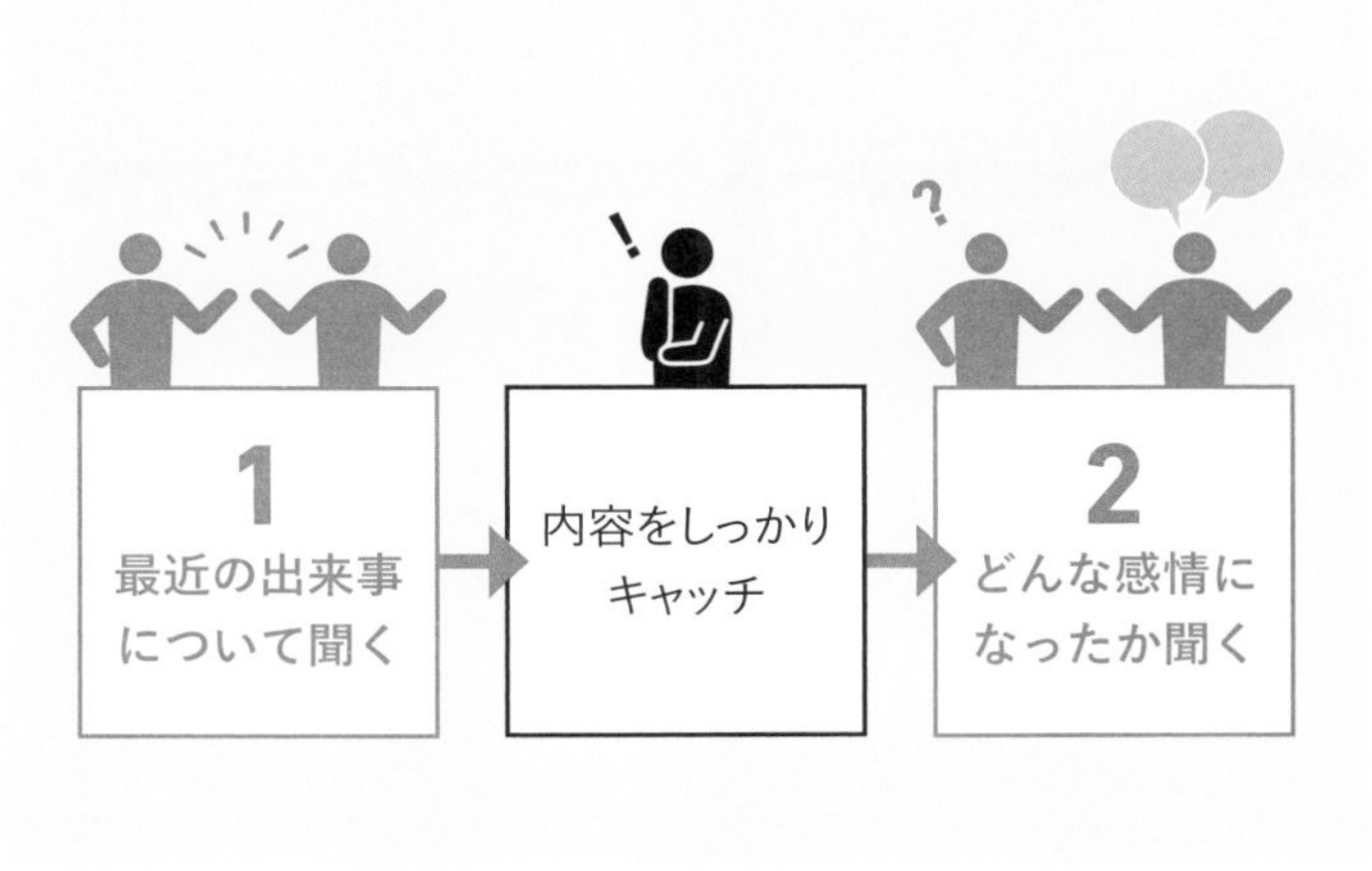

2. その出来事によって、どんな感情になったかを尋ねる

カーネマン博士の実験によると、この2つのステップを踏むだけで、**エピソードを話した相手の幸福度が上がり、聞き手への親近感が増す**ことがわかっています。

○な会話例①

あなた「最近、『これは事件だったな』と感じた出来事はありました？」

相　手「事件か……あ、結局、見つかったんですけれど、スマホを落としてしまって」

あなた「スマホを。それはドキドキしますね」
相手「そうなんですよ。一瞬、頭が真っ白になりました」
あなた「わかります。スマホなしの生活って考えられないですもんね。大事な情報もいっぱい入っていますし」
相手「考えてみると、コンビニの買い物も、電車に乗るのも、スマホで決済しているし、誰かと連絡を取る以上のことをしているなって。本当にドキドキしました」

○な会話例②

あなた「最近、花粉がすごいですよね」
相手「そうなんですよ。私も花粉症で、鼻と目がかゆくて」
あなた「じつは私も花粉症で、鼻もつらいですけれど、目のかゆさも厄介ですよね」
相手「本当ですよね。今日は特に花粉が多い気がしますね」
あなた「外に出た途端、『かゆっ!』となりますよね。ちなみに、何か花粉症対策ってされていますか?」

なぜ、この2つの問いかけにそれだけの効果があるかというと、**感情を込めて自分に起きたエピソードについて話し、聞いてもらうという行為が脳を興奮させる**からです。

その興奮度合いについては、ハーバード大学が脳波の動きを計測する機器を使った実験で、「おいしい食事を楽しんでいるとき」や「お金をもらったとき」と同じくらいだということを示しています。

つまり、雑談の序盤で話し相手の「感情」を引き出しやすい問いを投げかけ、気持ちよく話してもらうだけで、あなたへの好感は増していくのです。

雑談に悩む人が陥りがちな3つの誤解

もし、あなたが「トゥー・クエッッション・テクニック」を使っても、雑談や日常会話がうまくできない……と悩んでいるなら、1つアドバイスしたいことがあります。

それは、**よい聞き手になる**ことです。

雑談に、持って生まれた明るさや社交性の高さ、滑舌のいいしゃべりのうまさは必要ありません。**大事なのは、相手の感情を引き出し、丁寧に聞くこと。**それが最も効果的に相手の心を惹きつける方法です。

ところが、雑談や日常会話の解説本を読み、真面目に悩んでいる人ほど、次の3つの誤解を抱えています。

誤解①▼**雑談でつまずく人は、最初から会話の中身にこだわってしまう**

誤解②▼**雑談でつまずく人は、会話のネタを自ら提供しようとする**

誤解③▼**雑談でつまずく人は、会話をリードしようとする**

その結果、話し出すと「自分が、がんばらなくては……」と空回りし、失敗した経験が積み重なることで、気軽に話し出す勇気が持てなくなっていくのです。でも、この3つは話し手の思い込みにすぎません。

その理由を解説します。

誤解①▼**雑談でつまずく人は、最初から会話の中身にこだわってしまう**

先ほど、「挨拶を交わしたあと、どんな雑談を始めたか覚えていますか？」と質問した

雑談でつまずかない４つのポイント

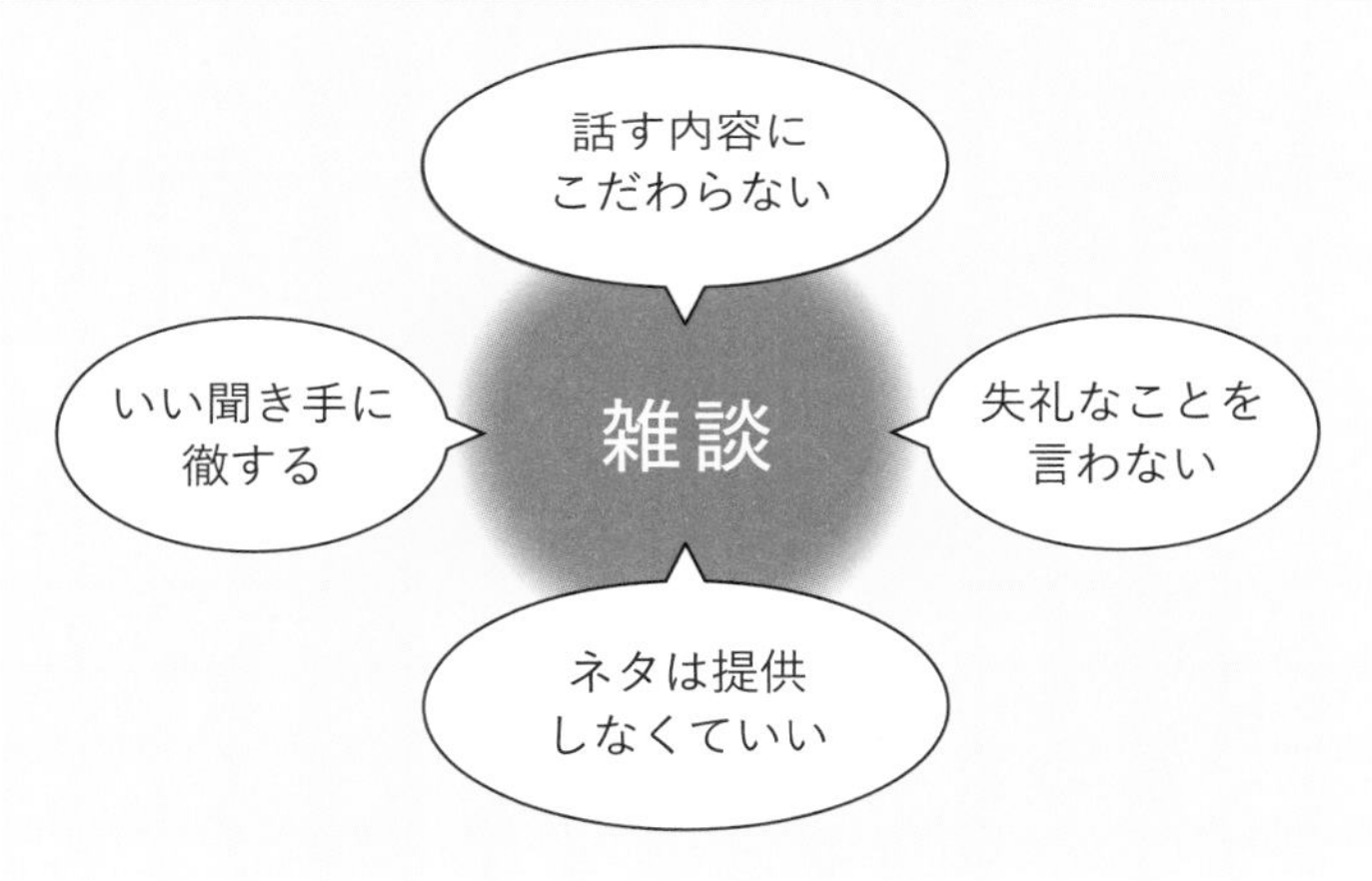

ように、ほとんどの人は雑談や日常会話の始まりと、交わした話の内容について覚えていません。

ところが、真面目な人ほど相手のことを思いやって「このネタで大丈夫かな？」「盛り上がるかな？」と、会話の中身にこだわってしまいます。

すると、会話の始まりがぎこちなくなり、「あ、今日もうまくいかなかった」と反省することになってしまうのです。

しかし、長期的に見れば**会話のスタートでのやりとりが、その後の人間関係に大きな影響を与えることはありません。**ぎこちなくても、内容の薄い会話でも、いきなり関係が破綻するような失礼なことを言わなければ大丈夫。**リラックスして、中身にこだわらず、話し始めましょう。**

誤解②▼雑談でつまずく人は、会話のネタを自ら提供しようとする

雑談や日常会話に悩んでいる人は、「話がうまい人は会話のネタが豊富」と誤解しています。初心者のうちは、**会話のネタを自ら提供する必要はありません。**

背伸びをして相手に合わせようと、1日1ページで身につく教養的な本で話のネタを仕入れても、1、2回、相手から質問がきたら底の浅さがバレて焦るだけです。私も心理学のことは語ることはできても、歴史好きの人に合わせて戦国武将について話したら、すぐにボロが出ます。

豊富なネタで相手を魅了したいという願いは美しいですが、実践するのは非常にハードルの高い方法です。

「トゥー・クエッション・テクニック」のようないい問いを投げかければ、話し相手は勝手に雑談を始めてくれます。**話のネタは相手が持っている……これが雑談の基本です。**

誤解③▼雑談でつまずく人は、会話をリードしようとする

「雑談を始めたら、自分がホスト役になって会話をリードしなくてはいけない」と。これも雑談で悩む人が陥りがちな思い込みです。

これは悩んでいる分、メディアに登場するような話のプロたちに目が向くからかもしれません。

バラエティ番組を盛り上げる芸人さんや情報番組を切り盛りする司会者、何十万人というフォロワーを持つユーチューバー、話芸に優れた研究者などのその道のプロフェッショナルたち。たしかに、彼らの話題は豊富で、話術もあり、実体験に基づいたエピソードは惹きつけられます。

でも、それを雑談で悩む自分に当てはめようとするのは、初心者が野球でホームランを狙ったり、サッカーで無回転シュートを蹴ろうとしたり、バスケットボールでダンクシュートを決めようとしたりするようなもの。

いずれは見事な話術で場を盛り上げるようになれる日もくるかもしれませんが、**まずはいい問いかけで話し相手からネタを引き出し、相手のペースで話してもらうのが一番です。話を受け、「教えてください」のスタンスで聞き返せば、雑談も日常会話もスムーズに**

回っていきます。それがうまくいかないのは、自分がしゃべり手となって会話をリードしようとするからです。

改めて、雑談や日常会話がうまくいかないという悩みを解消するためのアドバイスをするなら、それはあなたがよい聞き手になることです。

話し相手の感情を引き出し、丁寧に聞くこと。それが雑談や日常会話を通じて、相手に好印象を残す近道です。

POINT

まず相手に、最近の出来事と、その出来事についてどう感じたかを尋ねる。相手の感情を引き出し、「丁寧な聞き手」になろう。

◀ 雑談が盛り上がる科学的な話の始め方「会話スターター」

相手に好印象を残す話し方

「いい雰囲気のやりとりができた」
「お互いに似たところもあって打ち解けた」
「話していて気分がよかった」

話し相手にこういった印象を持ってもらえれば、雑談は大成功です。そして、そのためには話し相手の感情を動かすことが重要で、「トゥー・クエッション・テクニック」は誰**もが手軽に使える「話し相手の感情を引き出す仕組み」**として優れています。

ただ、それでも使い慣れるまでは、雑談の始まりとなる会話をどう切り出し、どのタイミングで相手の感情を動かす問いかけをするのか戸惑うものです。

ここまで読みながら、あなたが「トゥー・クエッションテクニックがいいのはわかったけれど、実際に雑談の中でどう使えばいいのかわからない」と感じているなら、その感覚、本当によくわかります。

私は、目的や根拠がないのなら、場つなぎ的に話す必要はないと考えるタイプです。これは今も変わらずで、本質的には雑談が得意ではありません。特に話し相手との間に共通の興味が見つからない場合、何から話したらいいか迷います。

実際、最初の会話がスムーズに滑り出して、そのままいい流れで「トゥー・クエッション・テクニック」を使い、雑談が盛り上がった経験もあれば、無理矢理話題をひねり出したせいで気まずい空気が拭えないままになる逆のパターンも体験しています。

どうすれば、スムーズに会話の中に「トゥー・クエッション・テクニック」を盛り込み、話し相手に好印象が残る雑談に仕立てることができるのか。前向きに悩んだとき、**解決に役立ってくれたのが「会話スターター」のノウハウ**でした。

会話スターターとは、心理学の世界で会話の冒頭に交わされる話題のこと。私が話し方を学んでいるときに知った研究事例の1つで、「盛り上がった印象の残る雑談には、共通

盛り上がる雑談3つのステップ

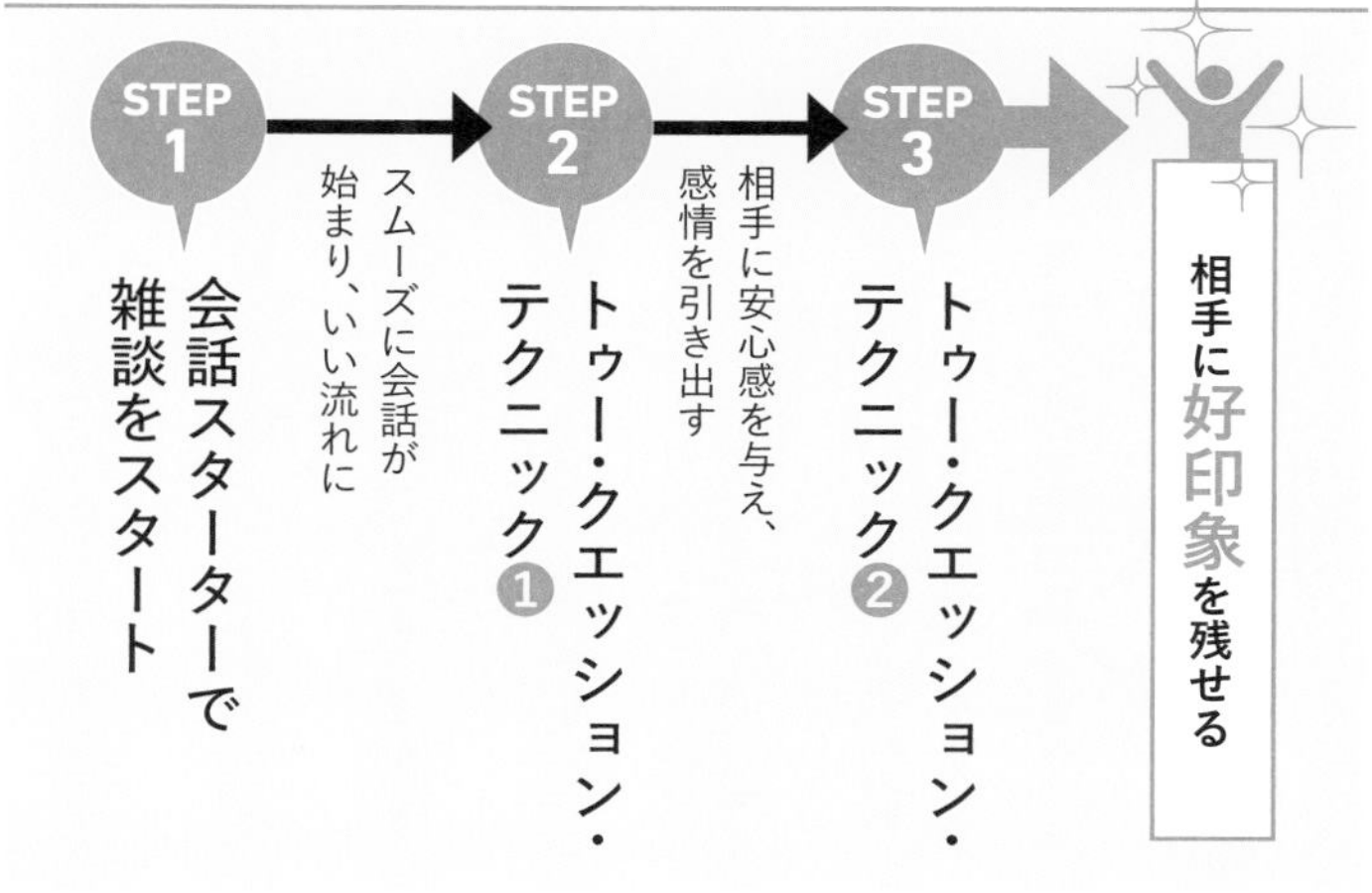
STEP 1
会話スターターで雑談をスタート
スムーズに会話が始まり、いい流れに
STEP 2
トゥー・クエッション・テクニック❶
相手に安心感を与え、感情を引き出す
STEP 3
トゥー・クエッション・テクニック❷
相手に好印象を残せる

の会話スターターがある」と指摘されています。

つまり、研究が明らかにした**「会話スターター」で雑談を始めれば、スムーズに会話が滑り出し、いい流れで「トゥー・クエッション・テクニック」を使うことができ、話し相手に好印象を残すことができる……**というのです。

また、科学的に雑談が盛り上がるという裏づけのある「会話スターター」を知って**おくことで、会話の始まりのレパートリーが増え、緊張せずに話を始めることができるように**もなります。

どうやらコミュニケーションがうまい人たちは、研究によって明らかになった「会話スターター」と同様の会話の糸口となる話題のレパートリーを意識的、または無意識的に持っているのです。

雑談が円滑に始まり、盛り上がる会話スターターベスト3

短距離走の選手にとっていいスタートを切ることが好記録に結びつくように、雑談の始まりもスムーズであるにこしたことはありません。スタートダッシュでつまずいてから必死に挽回していくよりも、いいスタートのフォームを学んで本番に活かしたほうが効率的です。

何から話せばいいかわからずモジモジしたり、きっかけがつかめずにもういいかと黙り込んでしまったりした経験があるなら、ぜひ、科学的に効果が証明されている会話スターターを学び、真似していきましょう。

そして、ある程度、**場数を踏んで慣れてきたら自分の性格やその場の状況に合わせてアレンジすることで、どんな人、どんな場での雑談でも好スタートを切れる**ようになります。

そんな「会話スターター」についての実際の効用について興味深い研究を行ったのは、世界的な国際支援団体のメルシー・コープスです。この研究では、300人の男女を集め、ランダムにペアを組んでもらい、3分間の雑談をするという会話実験が行われました。

この際、研究チームは次の7つの「会話スターター」を用意し、各ペアに1つずつ使っていくように指示したのです。

①「調子はどうですか？」
②「最近、何かわくわくするような出来事はありましたか？」
③「ご職業は何ですか？」
④「今日はどうしてこちらに来られたんですか？」
⑤「今日、何かいいことありました？」
⑥「あなたが熱心に取り組んでいる活動は何ですか？」
⑦「あなたのことを聞かせてくれませんか？」

そして、どの会話スターターを使うと、初めて会った見ず知らずのペアの話が盛り上がったかを観察。採点していったのです。

これから実験の結果、明らかになった「雑談が盛り上がりやすい会話スターターランキングベスト3」を紹介しますが、あなたはどの「会話スターター」が好印象を残す雑談につながったと思いますか?

雑談が盛り上がりやすい会話スターターランキング3位

「最近、何かわくわくするような出来事はありましたか?」

自分が何に対しておもしろいと感じるのか、どんな出来事を評価するのかなど、**私たちは自分の持っている価値基準について話すのを好みます。**

ですから、「最近、何かわくわくするような出来事はありましたか?」や「最近、観て楽しかった映画や参加してよかったイベント、読んでわくわくした本を教えてください」といった問いかけは、スムーズな雑談につながる会話スターターとなるのです。

また、「わくわくするような出来事」としているのもポイントで、自分がポジティブな印象を受けたエピソードを話すと、しゃべっている間に記憶がよみがえってきて笑顔にな

会話スターターランキング

ります。

雑談が盛り上がりやすい会話スターターランキング2位

「あなたが熱心に取り組んでいる活動は何ですか？」

趣味やボランティア、仕事、子育てなど、熱心に取り組んでいる活動が何であれ、その取り組みについて話すとき、私たちは自分の思いや考えを言葉にすることになります。これは心理学で「自己開示」と呼ばれるやりとりで、**人はプライベートな話を打ち明ける自己開示が進めば進むほど、話し相手との人間関係も深まっていきます。**

聞き方は、「個人的に熱心に取り組んでいる活動はありますか？　ボランティアでもいいですし、スポーツでも、仕事でもいいですけれど」や「最近、ハマっていること、ありますか？」でもいいでしょう。

大切なのは、熱心に取り組んでいる姿勢や理由を掘り下げていくことです。

雑談が盛り上がりやすい会話スターターランキング1位

「今日、何かいいことありました?」

メルシー・コープスが行った実験で2位、3位と大きな差をつけて1位となった会話スターターが、「今日、何かいいことありました?」でした。

考えてみると、初めて会ったペアが交わす最初の話題として「最近、何かわくわくするような出来事はありましたか?」や「あなたが熱心に取り組んでいる活動は何ですか?」は、少し相手のプライベートに踏み込みすぎです。

気軽に答えてくれる人もいますが、一方で「うーん」と考え込んでしまう人もいるでしょう。それは単に「最近か……」と思い出そうとしているのかもしれませんし、「今日会ったばかりの人に話すには個人的なことすぎる」と抵抗感を覚えているのかもしれません。

その点、**「今日、何かいいことありました?」は聞く側も、答える側も気軽**です。「いいこと」とポジティブな面にフォーカスしていることで、**明るい話題が出やすい**ですし、「今日」のことですから**パッと思い返すことができます。**

仮に話し相手が「何もいいことないんですよ、最近」とボヤき始めたとしても、「そうですか。ツイてないなという感じですか？」と合わせ、「だったね、今日も朝から家の前の道路で工事が始まって……」と会話は続いてきます。

もちろん、相手がスムーズに「いいことと言えば、僕は猫を飼っているんですけれどね。今朝も起きたら、足元にくるんと丸まって眠っていて、起き抜けからニヤニヤでした」といいことを話してくれたら、「猫を飼っているんですかー。お名前は？」と、ふくらませていくだけで、いい雰囲気で話題が広がっていきます。

大事なことは、**会話スターターで投げかけた問いに話し相手が答えてくれたとき、語られたエピソードや出来事をアンケートのように聞き取るのではなく、そこから相手の感情を引き出す次の質問につなげていく**ことです。

上位に入った会話スターターは、自然と「トゥー・クエッション・テクニック」の2つの要素「最近の出来事について尋ねる」「その出来事によって、どんな感情になったかを尋ねる」につながりやすい問いかけになっています。

裏を返せば、相手の感情や価値観を引き出しやすい問いだからこそ、上位の会話スターターとなっているのです。

沈黙に焦る前にできること

雑談や日常会話に悩んでいる人は、**とにかく話し相手の感情を引き出すことに集中してみてください。** 相手が自分の感情を言葉にし、自己開示を始めてくれたら、大成功です。話し相手はそのやりとりによって、あなたに対して好印象を抱いてくれます。

とはいえ、感情を引っ張り出せれば成功という理論に納得できても、実際の会話の場面では、とっさに次の問いかけとなる言葉が出てこないことが多々あります。間の悪い沈黙は、雑談や日常会話に悩む人をさらに悩ます大きな問題です。

私も以前は、意味のある話をしようとする傾向が強く、「次に何を聞こうか」「どんな話題ならいいかな」と考え、黙り込んでしまうことがありました。悪意があるわけではありません。それどころか、お互いにとっていい会話にしようと考えた結果のだんまりです。

でも、**話し相手からすると、雑談や日常会話の中で突然、発生した不自然な沈黙は、不**

安の種になります。「この人は不機嫌なのかな？」「私が何か気を悪くするようなことを言ったかな？」と考えさせてしまうからです。

特に会話の始まりでの沈黙は「この人は、私と話したくないのだろう」「今は話したい気分ではないのかもしれない」と、コミュニケーションを取るチャンスを遠ざけることにもなりかねません。

✕な会話例①

相手「今朝のニュースで見たんですが、また感染者が増えてきましたね」

あなた「そうですね。大変ですよね」

相手「ねぇ……」

あなた「……（どうしよう、このままコロナの話題を続けるべきかな、ワクチン接種の話をしてみようか、それとももう少しソーシャル・ディスタンスを取ったほうがいいのかな……）」

相手「……（あれ？　黙っちゃった、コロナの話題はやめたほうがよかったかな）」

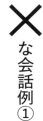

✕な会話例②

あなた「今日は、どうしてこちらに来られたんですか？」
相手「〇〇さんに『おもしろいイベントがあるよ』と誘ってもらって」
あなた「そうなんですか。〇〇さん。存じあげないのですが、どなたですか？」
相手「どなた？　あー、今は会場にいないみたいですね」
あなた「そうですか……（しまった、〇〇さんを探してほしいわけじゃないんだけど）」
相手「……トイレかな……（私より、〇〇さんに興味があるかな）」

最初のだんまりと話題に詰まってしまっての沈黙。それが、あなたと相手との親密度を高める雑談を邪魔しているのだとしたら、対策を講じていきましょう。

ここでも役立つのは「会話スターター」です。科学的に「話題が広がりやすい」と証明された会話スターターをあらかじめストックしておけば、雑談への苦手意識を高めている間の悪い沈黙に対処できるようになります。

どんな場面でも「話題が広がりやすい」と証明された会話スターター

これから紹介する7つの会話スターターは、会話の冒頭でも、途中で話に詰まってしまったときにも使えて、そこから話題が広がっていきやすいことが科学的に証明されたもの。行動リサーチ系の研究室として有名な「Science Of Us」が、過去の会話に関する研究データをサーベイし、効果の出やすい「どんな場面でも使える会話スターター」として抜き出し、まとめた会話スターターです。

①「最近、あなたの中で盛り上がっていることは、何ですか？」
②「情熱を持って取り組んでいることは、何ですか？」
③「○○さんとは、どういうきっかけで知り合ったのですか？」
④「今日（今週）の出来事で、一番印象的なものは何でしたか？」
⑤「今週末は何をするんですか？」

⑥「ここは『美しい／かっこいい／醜い／奇妙な』場所ですね。前に、ここに来たことがありますか？」

⑦「最近の『スポーツ／テレビ番組／ニュース』はどう思いますか？」

1つ1つはあくまでも例文で、話題に詰まったときのために用意しておくべき文章セットです。これを参考にしながら、あなたなりにアレンジし、自分流の会話スターターをストックしていきましょう。

「雑談が盛り上がりやすい会話スターターランキングベスト3」と重なる問いかけもありますが、1つずつ解説していきます。

ちなみに、**相手と親密度が増し、仲よくなると、沈黙は気にならなくなります。**それは、何となく話が途切れても「この間、話していたあれさ」「そういえば、友達の○○が」「昨日のニュース見た？」など、過去の記憶や共通の知り合い、お互いの興味に関係あることなど、いくらでも2人の間の会話スターターがストックされているからです。

間の悪い沈黙が気まずいのは、まだ話し相手との関係性ができる前だから。その壁を会話スターターで乗り越えてしまいましょう、というのが狙いです。

どんな場面でも使える会話スターターのストック①

気詰まりな沈黙も怖くなくなる7つの会話スターター

「最近、あなたの中で盛り上がっていることは、何ですか？」

「雑談が盛り上がりやすい会話スターターランキング2位」でもふれましたが、ポイントは「盛り上がっていること」について、その理由とどんな関わり方をしているかなどを、掘り下げていくことです。

ハマっていることについて聞き手が興味深そうに聞く姿勢を作ると、話し相手は熱を込めてしゃべってくれます。ときには照れてしまうこともあるでしょうが、いずれにしろ、相手の感情を引き出しやすい質問です。

どんな場面でも使える会話スターターのストック②

「情熱を持って取り組んでいることは、何ですか？」

ストック①と近い質問ですが、ニュアンスが少し違います。ストック①が最近、盛り上がってきたものを聞いているのに対して、こちらは一番力を入れていること、ずっと情熱を持ち続けていることにフォーカスを向けています。

つまり、**話し相手のよりコアな部分を引き出せる会話スターター**です。ただ、この質問に相手がピンとこない場合もあります。そんなときは、ストック①の「じゃあ、最近、興味を持っていることってありますか？」と切り替えてみましょう。

このように、各会話スターターは状況に応じて自由に組み合わせ、使い分けることができます。

な会話例

あなた「情熱を持って取り組んでいることって、ありますか？」

話題を広げる7つの会話スターター

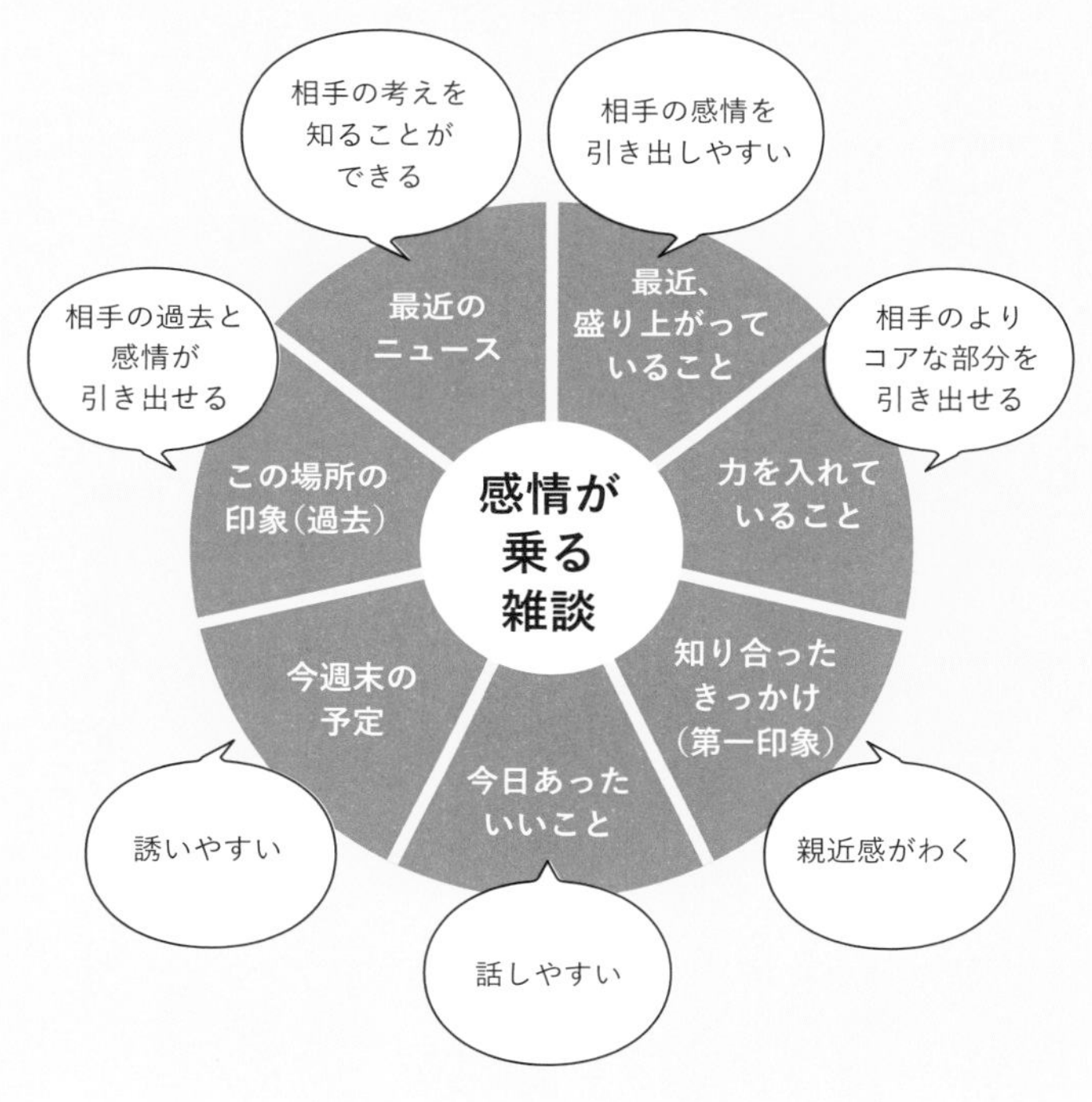
感情が乗る雑談
最近のニュース
相手の考えを知ることができる
最近、盛り上がっていること
相手の感情を引き出しやすい
力を入れていること
相手のよりコアな部分を引き出せる
知り合ったきっかけ（第一印象）
親近感がわく
今日あったいいこと
話しやすい
今週末の予定
誘いやすい
この場所の印象（過去）
相手の過去と感情が引き出せる

相手「あー、情熱を持って……とまで言えることはないかもしれない」

あなた「じゃあ、ちょっとハマっているかもってことは？」

相手「写真を撮ることかな。スマホを変えてからカメラ機能がすごくよくなってね」

あなた「どんなものを撮っているんですか？」

相　手「いいなと思った景色とか、食べたものとか、あとは飼っている犬かな。カメラロールが犬だらけになっちゃって（笑）。でも、考えてみると、犬と一緒の暮らしが情熱を持って守ってきたものかも」

どんな場面でも使える会話スターターのストック③

「○○さんとは、どういうきっかけで知り合ったのですか？」

人との出会いのエピソードを語るときは、必ず感情が伴います。また、共通の知り合いがいることで話し相手に親近感もわいてきます。

な会話例

あなた「○○さんとは、どういうきっかけでお知り合いになったのですか？」

相手「じつはちょっと変わっていて、居酒屋で偶然、隣の席になったんですよ」
あなた「隣の席に！」
相手「たまたま同じ映画を観てきたあとだとわかって、話が盛り上がって、仲よくなったんですよね」
あなた「そんな偶然もあるんですね」
相手「ね、びっくりしました」
あなた「○○さんも映画好きですが、△△さんもお好きなんですか？」

人との出会いにはストーリーがありますから、その場で起きた出来事を振り返るだけで十分に話題が広がります。ただ、**私がこの会話スターターを使うときは、「第一印象はどうでした？」という質問を加える**ようにしています。

すると、話し相手の性格や人柄、初対面の人に対する見方など、少し深い話を探ることができるからです。

「じつは、第一印象はあんまりよくなかったんだよ。チャラいなと思って。でも、話してみたらワインの知識が豊富で、若いのにすごいな、と驚いたんだよね」

「第一印象」を聞いて、こんなふうに話してくれたとしたら、話し相手は人を外見だけで判断せず、内面に目を向け、年齢にも関係なく接してくれるタイプだとわかります。

もちろん、そこまで深読みする必要はありませんが、**会話スターターにアレンジを加えることで雑談に深みが増していきます。**

あなたも会話スターターに自分なりのアレンジを加えてみてください。その際、**「トゥー・クエッション・テクニック」になるように心がけると効果的**です。

たとえば、「第一印象はどうでした？」の質問は、じつは「最初に会ったときにどんな感情をお持ちになったんですか？」という感情にフォーカスした問いかけの短縮形。日本語として不自然なので、「第一印象はどうでした？」にしています。

すると、話し相手は○○さんの第一印象を語りながら、自然と自分の感情を言葉にしてくれるのです。

どんな場面でも使える会話スターターのストック④

「今日(今週)の出来事で、一番印象的なものは何でしたか?」

これは、「雑談が盛り上がりやすい会話スターターランキング1位」と同じ質問です。

ポイントは、相手がしゃべりやすいよう、思い出しやすいように、一定の期間を区切って聞くこと。雑談の中で「今までの人生の中で一番」と聞かれると重たいですが、今日や今週ならちょっとした事件について語ってくれます。

どんな場面でも使える会話スターターのストック⑤

「今週末は何をするんですか?」

未来の計画を聞く会話スターターです。

ポイントは「休みの日は何をしていますか?」ではなく、「今週末」に絞り、「何をするか」を聞いていること。具体的な予定のある人は、その計画について話してくれますし、何の予定もない人は「今週、暇だな」と気づきます。

○な会話例

あなた「今週末はどう過ごす予定ですか?」
相　手「あー、今週末。そういえば、何も予定を入れてないですね」
あなた「ゆったりするのもいいですよね」
相　手「家の掃除でもしようかな」
あなた「一気に掃除すると達成感ありますよね」
相　手「たしかに」
あなた「ちなみに、普段の休日はどんなふうに過ごすことが多いんですか?」

今週末の休みについて聞いたあとなら、話し相手の意識が休日の過ごし方に向かっているので、ざっくりとした「休みの日に何をしているか?」という質問も話題を広げる会話スターターになります。

ちなみに、私は昔、気になる女性をデートに誘うとき、この「今週末は、何をするんですか？」を使っていました。

「今週末、何してるの？」に、相手が「特にやることなくて暇なんだよね」と言ったら、「じゃあさ、この間、言っていたピザ屋に行かない？」と。かなりの高確率でイエスが返ってきていました。

どんな場面でも使える会話スターターのストック⑥

「ここは『美しい／かっこいい／醜い／奇妙な』場所ですね。前に、ここに来たことがありますか？」

話し相手と今、一緒にいる場所を題材にして、相手の過去について聞き、感情を引き出す質問です。

場所を題材にすることで、話し相手は過去の自分の行動を思い出してくれます。すると、自然と感情を引っ張り出すことができるのです。

○な会話例

あなた「天井が高くて、絨毯はふかふかで、生花もきれいですし、豪華な雰囲気ですよね。プライベートで利用してみたいな。○○さんは泊まったことがありますか？」
相　手「ここはないですけれど、駅の逆側にある○○なら泊まったことがありますよ」
あなた「○○も老舗ですよね。記念日か何かですか？」
相　手「家族で結婚記念日に」
あなた「おお」
相　手「妻に感謝して……と思ったんですけれど、結局、子どもたちのテンションが上がってしまって、大変でした（笑）」

どんな場面でも使える会話スターターのストック⑦

「最近の『スポーツ／テレビ番組／ニュース』はどう思いますか？」

雑談でよく使われる題材が時事のニュースや流行、スポーツに関するネタです。

ところが、相手の感情を引き出すという目的を忘れて、ニュースに対する自分の感想や感情を乗せてしまう失敗が起こりがち。

✕な会話例

あなた「政府の対応をニュースで見たんですけど、全然ダメですよね」
相　手「そうかもしれないですね」
あなた「なってない。そう思いませんか？」
相　手「……（まあまあの対応だと思うけど、言いづらいな）」

時事のニュースや流行、スポーツに関するネタは、細かく説明しなくても相手も知っているというメリットがあります。

中継の視聴率が30％を超えるような大きなスポーツイベントのあとなら、「ご覧になりました？」と振るだけで、話し相手から感情を伴ったエピソードが返ってくるはずです。

また、相手のSNSを知っているなら、事前にどんなニュースや話題に反応しているかを確認しておいて、それを題材にするのもいいでしょう。

大切なのは、こちらの感想は伝えずシンプルに「どう思います？」と質問することです。

7つの会話スターターに共通しているのは、いずれも題材があなたと話し相手に近いこと。自分たちの経験から遠い話題は感情移入しにくく、上滑りの会話になってしまいます。

その点、7つの会話スターターはお互いにとって身近な話を聞く質問になっているので、感情の乗った雑談が展開していくのです。

POINT

「今日、何かいいことありましたか？」

「あなたが熱心に取り組んでいる活動は何ですか？」

「最近、何かわくわくするような出来事はありましたか？」で、相手の感情や価値観を引き出す。

◀いい後味を演出する話し方と聞き方の基本

印象は聞き方で決まる

ここまで好印象を残す雑談を実現する技術として、「トゥー・クエッション・テクニック」と「会話スターター」を紹介してきました。

この2つを身につければ、会話の中で話し相手の感情を引き出すことができるようになります。すると、相手は雑談の間に、あなたに対して「気持ちよく話せる人だな」「きちんとこちらの話を聞いてくれる人だな」という好印象を抱いてくれるのです。

また、あなたは「トゥー・クエッション・テクニック」と「会話スターター」によって、効果的な雑談の始め方、展開のさせ方、ふいに訪れた沈黙の切り抜け方を身につけたことになります。

これでもかなりの雑談上手といえますが、35ページで書いた「ピーク・エンド・セオリー」を覚えていますか？

話が最も盛り上がった（ピーク）のシーンと別れ際や別れたあとの印象（エンド）が記憶に残る……という理論でした。**雑談でいえば、話し相手が感情を乗せたエピソードをしゃべっている最中がピークだとすると、エンドはいい後味です。**

ほとんどの人は雑談を終えてしばらくすると、話した内容を忘れてしまいます。でも、「あの人と話すの、楽しかった」という印象は残ります。

この**いい後味を作る上で心がけたいのが、話の聞き方**です。

41ページで、最も効果的に話し相手の心を惹きつける方法は、相手の感情を引き出し、よい聞き手になって、丁寧に話に耳を傾けることとアドバイスしました。

なぜ、**よい聞き手になることが好印象につながるのか。これは、誰もが持っている自尊心と承認欲求に深く関係しています。**

私たちは誰もが自分を大切に思っていて、自分に一番興味を持っています。そして、自分のことを認めてもらいたい、求めてもらいたい、わかってもらいたいと願っています。

ですから、**自分の話に興味を示し、きちんと聞き、受け止めて、理解してくれる人を好きになる**のです。

「トゥー・クエッション・テクニック」と「会話スターター」によって話し相手が雑談を楽しんでくれるのは、まさにあなたがよい聞き手になってくれるから。**この2つは、相手の自尊心と承認欲求を満たす会話の技術**でもあったのです。

対面会話のための3つのルール

そして、これから紹介する「対面会話のための3つのルール」は、いい後味を演出する話し方と聞き方の基本形です。

挨拶から始まり、雑談が終わるまで、**この話し方と聞き方を心がけていれば、話し相手は心地よくやりとりを楽しみ、好印象とともに会話を終えてくれます。**

過去に出された会話に関する研究をレビューし、「対面会話のための3つのルール」を提唱したのは教育心理学者で、作家のマーティ・ネムコ博士です。

【ルール①ピンポンルール】会話全体の「聞く、話す」の配分のルール
【ルール②信号機ルール】あなたが連続して話していい長さに関するルール
【ルール③一時停止ルール】話し相手の話の受け止め方のルール

雑談のあとにいい後味を残したいのなら、この3つのルールを意識しながら話し、聞いていきましょう。

ルール①▼ピンポンルール

1つ目のルールである「ピンポンルール」は、会話全体の「聞く、話す」の配分についてです。よい聞き手になることが大事といっても、雑談や日常会話で、講演や独演会のようにずっと話し相手だけがしゃべっている状況はありません。

必ずお互いの話のキャッチボールで雑談は形作られていきます。マーティ・ネムコ博士の分析によると、その**「聞く、話す」の配分としてベストなのが、話し相手に6割しゃべってもらい、あなたが4割話すという割合**です。

よい聞き手になるのに4割は多いな……と思われたかもしれません。でも、相手への質

ピンポンルール

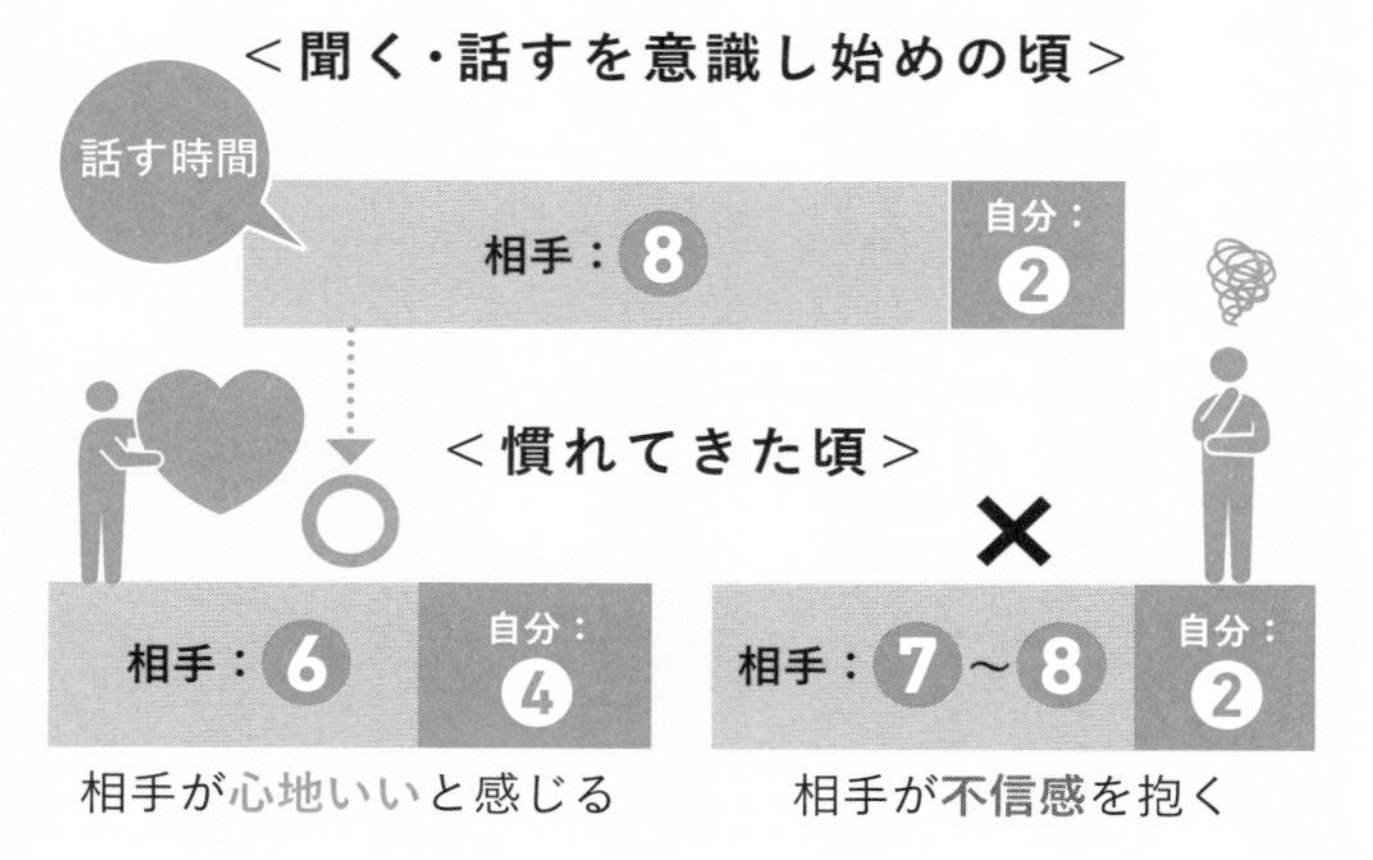

＜聞く・話すを意識し始めの頃＞
話す時間
相手：8
自分：2
＜慣れてきた頃＞
相手：6
自分：4
相手：7〜8
自分：2
相手が心地いいと感じる
相手が不信感を抱く

問、相手の話を受けての感想、自分の経験と組み合わせた次の質問といった感じで話していると、会話のキャッチボールの4割はあなたが話すパターンになります。

また、4割を下回る量しか話さず、ずっと聞き役に回った場合、今度は話し相手が「この人は、私の話やこの話題に興味がない」と感じてしまうのです。

ピンポンルールを実践する上で気をつけたいのが、**人は自分がしゃべっている時間を短く感じる傾向がある**こと。

会話全体の「聞く、話す」の配分について意識し始めたばかりの頃は、相手に8割、聞き役に回った自分は2割しかしゃべらな

いという感覚で取り組みましょう。すると、客観的に見たとき、6対4の配分に収まっているはずです。

ルール②▼信号機ルール

2つ目の「信号機ルール」は、連続して話していい長さを信号のシグナルに見立てたルールです。会話の全体量のベストな割合が6対4だとして、5分間の雑談で話し相手が3分、あなたが2分話し続けるわけではありませんよね？

分解すると、間に何度か会話のキャッチボールがあり、「話す、聞く」のやりとりが行われています。その際、マーティ・ネムコ博士の分析によると、1つのキャッチボールの間に話す時間の長さによって相手の受ける印象が変わってくるのです。

たとえば、会話スターターを使って、あなたが雑談を始めたとしましょう。

話し始めてから30秒は青信号。話し相手は違和感なく、あなたの話を聞いてくれます。

しかし、30秒を超えてさらに30秒ほど続くと、信号は黄に変わります。相手は「ちょっと話が長いな」と感じ始め、場合によっては話に割り込んでくる可能性が高くなります。

信号機ルール

青信号 (最初の30秒) **話をまとめる**
→ 相手は集中して聞くことができる

黄信号 (次の30秒) **質問をして次の話題につなげる**
→ 相手の注意力が散漫になる

赤信号 (60秒経過後) **相手が飽きる**
→ 相手にいい印象を残さない

そして、会話のスタートから60秒を超えると、信号は赤になります。話し相手が興味深そうな姿勢を見せていても、とりあえず話を打ち切って相手に質問し、会話のバトンを渡しましょう。それを怠ると、相手に「この人はナルシスティックなところがあるな」「こちらの話をあまり聞いてくれないな」といった印象を残してしまうことになります。

つまり、**よい聞き手を意識するなら、最初の30秒で言いたいことをまとめて会話のバトンを渡すのが、ちょうどいい話の長さ。**ただし、自己開示を交えつつ、次の質問につなげるときは黄信号になる60秒以内になっても、大丈夫です。

◯な会話例

あなた「今週末は、どう過ごす予定ですか？」（青信号）
相　手「あー、今週末、そういえば何の予定も入れてないですね」
あなた「ゆったりするのもいいですよね」（青信号）
相　手「家の掃除でもしようかな」
あなた「一気に掃除すると達成感ありますよね」（青信号）
相　手「たしかに」
あなた「ちなみに、普段の休日はどんなふうに過ごすことが多いんですか？」（青信号）
相　手「アウトドアが好きで、最近はソロキャンプに行くことが多いですね。このあたりだと朝霧高原のキャンプ場がいいんですよ」
あなた「そのキャンプ場はもしかして、富士山がどーんと真正面に見えるところじゃないですか？　テレビで見たことがあります。ソロキャンプかー、いいですね。ス

トレス発散できそう」（黄信号）

相手「そうそう、そこです。朝、日の出前に起きて、コーヒー淹れて、朝日と富士山。最高ですよ！」

会話例を見てもわかるように、**30秒以上しゃべると、けっこう長い印象を受けます。**これが1分以上となると、それはもう「語り」に近く、よい聞き手の範疇を飛び出してしまいます。注意しましょう。

ルール③▼一時停止ルール

3つ目の「一時停止ルール」は、「間」の作り方に関するルールです。

話し相手がしゃべり終わったあと、すぐにあなたが自分の話を始めるのではなく、**ワンテンポだけ「間」を開けると、相手は「この人はちゃんと私の話を聞いてくれた」という印象を受けます。**

一時停止ルール

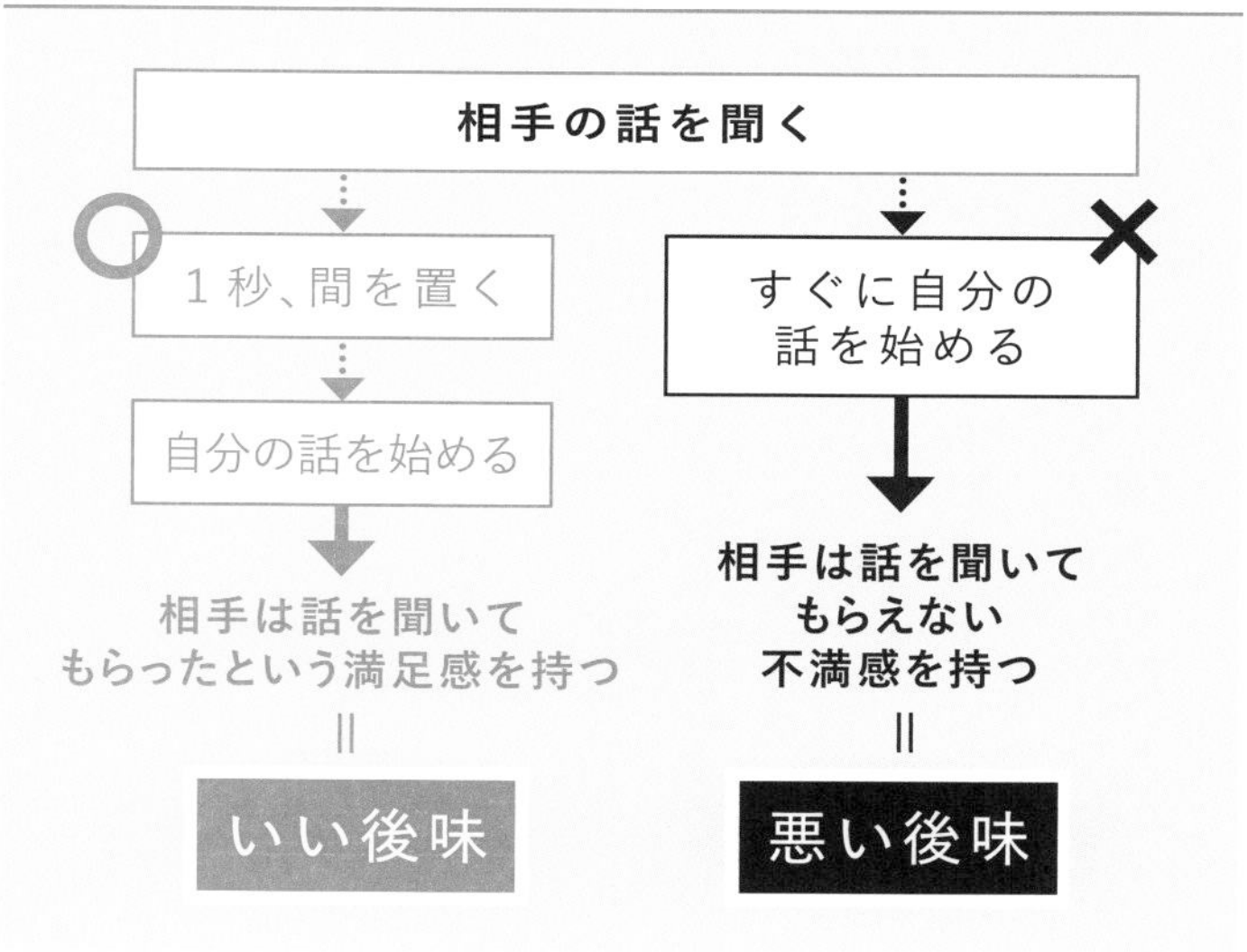
相手の話を聞く
○
1秒、間を置く
自分の話を始める
相手は話を聞いてもらったという満足感を持つ
＝
いい後味
×
すぐに自分の話を始める
相手は話を聞いてもらえない不満感を持つ
＝
悪い後味

✕な会話例

あなた「ちなみに、普段の休日はどんなふうに過ごすことが多いんですか？」（青信号）

相　手「アウトドアが好きで、最近はソロキャンプに行くことが多いですね。このあたりだと朝霧高原のキャンプ場がいいんですよ。ふじ……」

（相手の話が終わりきらないうちに、食い気味で）

あなた「そのキャンプ場、知っています！　富士山がどーん

と真正面に見えるところですよね。ソロキャンプかー、いいですね。ストレス発散できそう」（黄信号）

相　手「そうそう、そこです。朝、日の出前に起きて、コーヒー淹れて、朝日と富士山。最高ですよ」

○な会話例

あなた「ちなみに、普段の休日はどんなふうに過ごすことが多いんですか？」（青信号）

相　手「アウトドアが好きで、最近はソロキャンプに行くことが多いですね。このあたりだと朝霧高原のキャンプ場がいいんですよ」

（1秒ほど間を取って、思い出したように）

あなた「そのキャンプ場はもしかして、富士山がどーんと真正面に見えるところじゃないですか？　テレビで見たことがあります。ソロキャンプかー、いいですね。ストレス発散できそう」（黄信号）

相　手「そうそう、そこです。朝、日の出前に起きて、コーヒー淹れて、朝日と富士山。

最高ですよ！」

わずかな違いですが、話し相手の感じる心地よさは大きく異なります。**ほんのワンテンポ、具体的には1秒ほどの間を置くだけで「この人は私の話を聞いて、連想してくれた」という感覚が相手に残る**のです。

逆に、あなたの応答があまりに早いと、話し相手は取り残されたような気分になってしまいます。すると、「この人は、自分がしゃべりたかったのか」と思われ、よい聞き手という印象は失われてしまうことに。

ほんの1秒の「間」を置くか置かないかで、いい後味を残すという目的が果たせなくなるのです。

「間」を意識して、話し相手を心地よくするよい聞き手になりましょう。

人見知りをする人ほど、科学的な雑談力が効果を発揮する

会話量の配分、一度に話す長さへの気づかい、相手の話を受け止める間。雑談や日常会話で、この3つのポイントを意識すると、それだけで「この人は感じがいいな」「また話したいな」という好印象を作り出すことができます。

実際、**私は今も日常的に「対面会話のための3つのルール」を守っています。**

特に初めて会う人との会食やゲストを迎えての対談の序盤、相手が緊張していると感じたときは、ストックの中から適した会話スターターを選び、信号機ルールと一時停止ルールを実践しながら、よい聞き手になります。

すると、相手は気持ちよく話してくれて、そのペースに乗って私もスムーズに雑談をし、そのあとのより深い話にも入っていくことができるのです。

雑談や日常会話に苦手意識を持ってしまうのは、どういうふうに話したらいいかわから

ないという不安が原因になっています。
嫌われると怖いから、動けない。
動けないから、しゃべれない。
その結果、話し相手に「この人は無口な人」「話すのが好きじゃない人」「不機嫌な人」という誤解を与えてしまうのです。

でも、それはすごくもったいないことですよね。経験上、雑談や日常会話に苦手意識を持っている人ほど、得意な分野、詳しいジャンルがあって、話し出すとおもしろい傾向があります。

その魅力は、一方的にしゃべり続けなくても、質問の仕方や合間に挟まれる経験談から話し相手に伝わっていきます。だからこそ、話し始めのつまずきを防いでくれる会話スターターを身につけ、しゃべり出しの不安を解消してしまいましょう。

その後は**対面会話のための３つのルールを実践しつつ、よい聞き手を意識していれば、嘘のようにスムーズに雑談が進んでいきます。**しかも、会話が一段落つく頃には、話し相手が勝手にあなたに好感を抱き、「もっと話したいな」「また会いたいな」と思ってくれるのです。

最後に内向的で人見知りをする人に対して、話し相手がどう感じるかを観察した研究を紹介しましょう。

この研究によると、相手が違和感を抱くのは会話の初期段階だけだということがわかっています。そして、会う回数が3回目以降になると、見た目や話し方などは気にならなくなり、外向的な人、会話のうまい人、人当たりのいい人との差が一気に縮まるのです。

あなたがもし自分のことを「内向的で口下手、雑談が苦手だ」と感じているなら、初対面のときに相手に誤解を与えない方法を身につけましょう。それが本章で解説した科学的に最強な雑談力です。

雑で、内容の薄い話？

上等です。雑談を楽しんで、あなたを支えてくれるソーシャル・キャピタルを増やしていきましょう。

POINT

「聞く・話す」の割合は「6対4」。
1つの話は30秒以内。話し始めは1秒「間」を置く。
この3つを心がけて話せば、雑談はスムーズに進み、
相手にいい印象も残せる。

第2章

聖書でも使われる最強の話術「ストーリーテリング」

◀相手に伝わる話し方

説明と説得のスキルを学んだことはある？

第2章で扱うテーマは、説明と説得です。話し相手があなたの話を理解して納得し、行動してくれるような話し方について解説していきます。

第1章の「雑談」や「日常会話」と比較すると、**「説明と説得の話し方のスキル」は営業やプレゼン、チームの運営など、職場を中心とした社会的な場であなたの評価を高めます。**なぜなら納得のできる話をする人は、周りの人を巻き込みながら、大きな成果を上げる可能性が高いからです。

とはいえ、雑談や日常会話と同じく、説明と説得に適した話し方を学び、訓練を受けた人はほとんどいません。その結果、あなたも話し手の立場として、あるいは聞き手として、こんな経験をしたことがあるのではないでしょうか。

・別々の先輩から仕事の手順について説明を受け、よく理解できるときと、よくわからないときがあった
・何人かの後輩に仕事の手順について説明をしたとき、よく理解してくれたケースと、そうではないケースがあった
・同じ題材を扱ったセミナーなのに、講師によって受講後に内容がパッと思い出せるときと、すぐに忘れてしまうときがあった
・プレゼンで紹介したデータは同じものだったのに、聞き手の記憶に強く残って商談が進んだケースと、そうではないケースがあった
・飲食店で偶然居合わせた常連客の話がおもしろくて「また会いたいな……」と思い、同じ店に行ってみたら、次に話した客の話はただただ長くて退屈だった
・同じエピソードを何度か話すうち、飲み会でウケる持ちネタのようになっていった

話し手として、自分の話が「相手にいまいち伝わっていないな」「聞き手が納得してい

ないな」と感じるのは、不安で情けなく切ないものです。同じ内容を伝えながら成果を出している同僚がいれば、なおさら切なさは増していきます。

ここで注意したいのが、プライドの高い人ほど「聞き手の理解力が低いから」「記憶力が弱いから」と考え、自尊心を守ろうとする傾向があることです。

しかし、いくら解釈を変えて自分のプライドを守っても、説明下手、説得下手のままでは損をします。一生懸命話しても真意が伝わりにくい人、いまひとつ何が言いたいのかわからないと思われてしまう人、説明下手で誤解されやすい人は、なかなか周りから信頼されず、人間関係に悩みを抱える傾向があるからです。

これは、自分が聞き手に回ったときのことを思い出すとよくわかります。

相手の話を聞きながら、「なんかよくわからないな」「つまらないわりに長い話だな」「この人の説明、要領を得ないぞ」といった**退屈を感じたとき、私たちは自然と話し相手の能力や存在感を軽視する**ようになります。

つまり、説明と説得に関する話し方が磨かれていないことで、高い能力を持っているのにいまひとつ評価されない。人柄は悪くないのに、とっつきにくいと思われてしまう、と

説明と説得のスキル

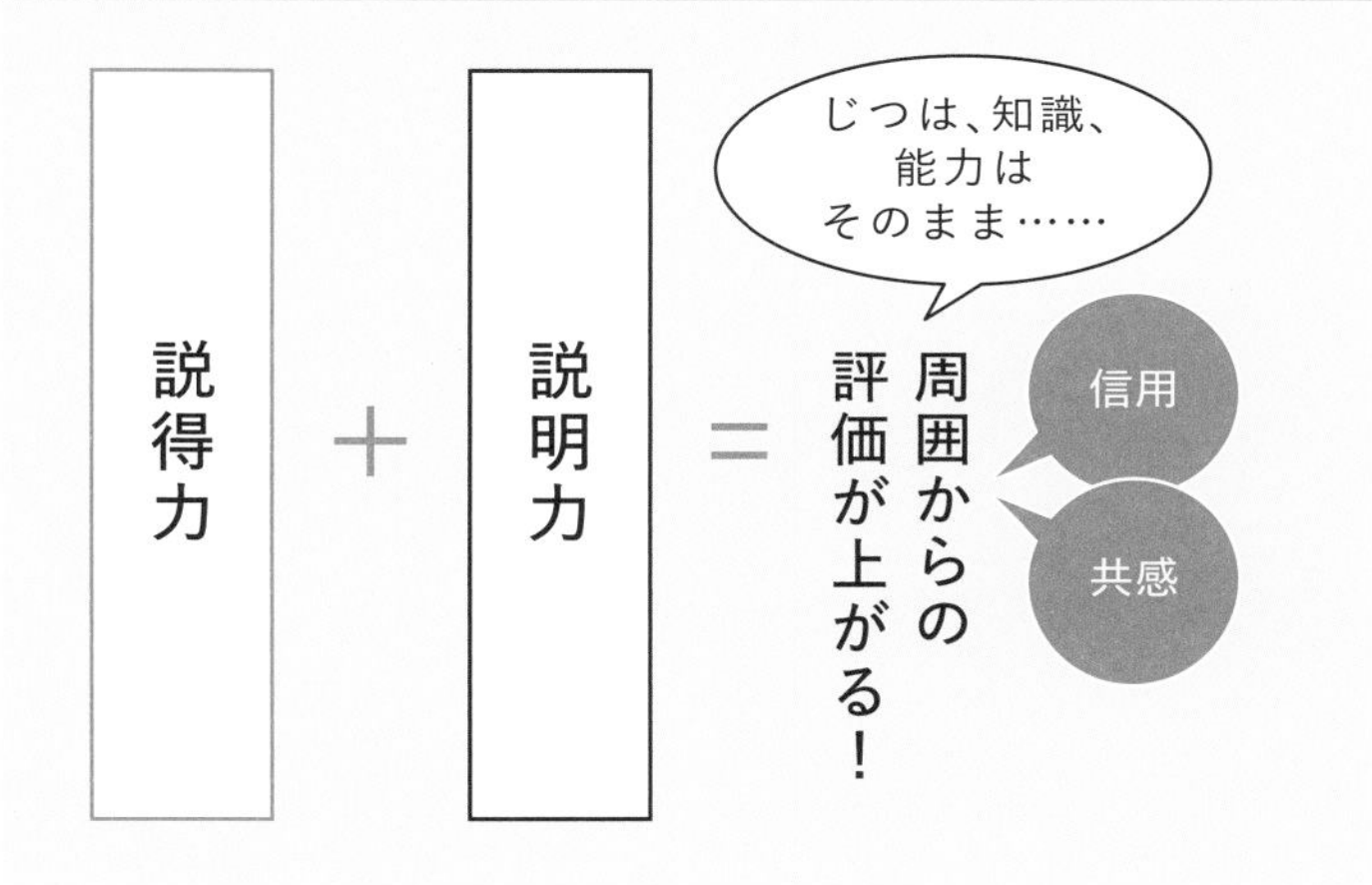
説得力
＋
説明力
＝
じつは、知識、能力はそのまま……
周囲からの評価が上がる！
信用
共感

いったデメリットが生じるのです。

逆にいうと、**説明と説得のスキルを身につけると、持っている知識、能力はそのままでも周囲の評価を大きく上げられる**ということ。そして、私にとって説明と説得の話し方は、雑談や日常会話よりも得意なジャンルです。

たとえば、心理学の研究をベースにした講演ならば、ぶっつけ本番で、いきなりテーマを渡され、何のメモがなくても、聞いてくれた人たちの満足を引き出す自信があります。

それは話をした相手の理解と納得、行動を促す鍵を握る「ストーリーテリング」について多くの時間をかけて学んできたからです。

物語化して伝えると相手の記憶に強く残る

ストーリーテリングは、相手に伝えたい内容を物語化して話すことで、強く印象づけ、記憶に残す手法のことです。

なぜ、ストーリーテリングが効果的かというと、そもそも**私たちの脳は物語を理解し、記憶しやすい性質を持っている**からです。

この性質を長く伝承されてきた神話の研究によって明らかにしたのが、アメリカの神話研究者ジョーゼフ・キャンベル博士でした。

博士はどの国で伝えられている神話にも、主人公が動き出すきっかけ、試練、仲間との出会いといった8つの基本的な構造があり、それによってストーリーが成り立っていると分析。「ヒーローズ・ジャーニー理論」にまとめました。

詳しくは『神話の力』（ハヤカワ文庫）に譲りますが、ここで重要なのは「神話には共通する構造があり、だからこそ、人の心を動かし、続きを知りたいと思わせ、長く記憶に残ってきた」という事実。私たちの脳は本も映画もなかった時代からストーリーを理解し、記憶することにより、発達してきたのです。

たとえば、あなたがマンガを読んだあと、映画を観たあと、「そのストーリーを説明してください」「登場したキャラクターを教えてください」「印象的だった場面、セリフはありますか？」と聞かれたとして、答えに困るでしょうか？

ストーリーが破綻した不可解な作品でなければ、あらすじを説明し、主要な登場人物について話し、自分がどんな場面、セリフにぐっときたかを語ることができるはずです。

ところが、難易度の高い授業を受けたあとや専門性の強いプレゼンを聞いたあとなどに「内容を説明してください」と言われると、なかなかうまくいきません。

これは、ストーリーが脳にとって記憶しやすいパッケージになっているのに対し、後者の情報は受け取った内容を自分なりに整理し、表現を変換しなければならない分、処理が追いつかなくなってしまうからです。

ある研究者は、**「ストーリーは実用的な情報を伝える船のような存在だ」**と表現しています。一定の型を使って物語を作るストーリーテリングの手法は、**伝えたいメッセージを聞き手の記憶に残す確率を大きく上昇させてくれるのです。**

誰もが知っているストーリーの力を借りる

たとえば、あなたが若手の現場リーダー層を指導する立場だったとして、「後輩を育てるには、厳しく接するよりも温かく見守りながら気持ちを通わせることが重要です」というメッセージを伝えたいとしましょう。

その際、ストレートに「後輩を育てるには、厳しく接するよりも温かく見守りながら気持ちを通わせることが重要です」と伝えるのも悪い選択ではありません。

しかし、より強く印象づけ、聞き手である若手の現場リーダーたちの行動を促したいのなら、こんな言い方が有効です。

聞き手にいい影響を与えるストーリーテリング

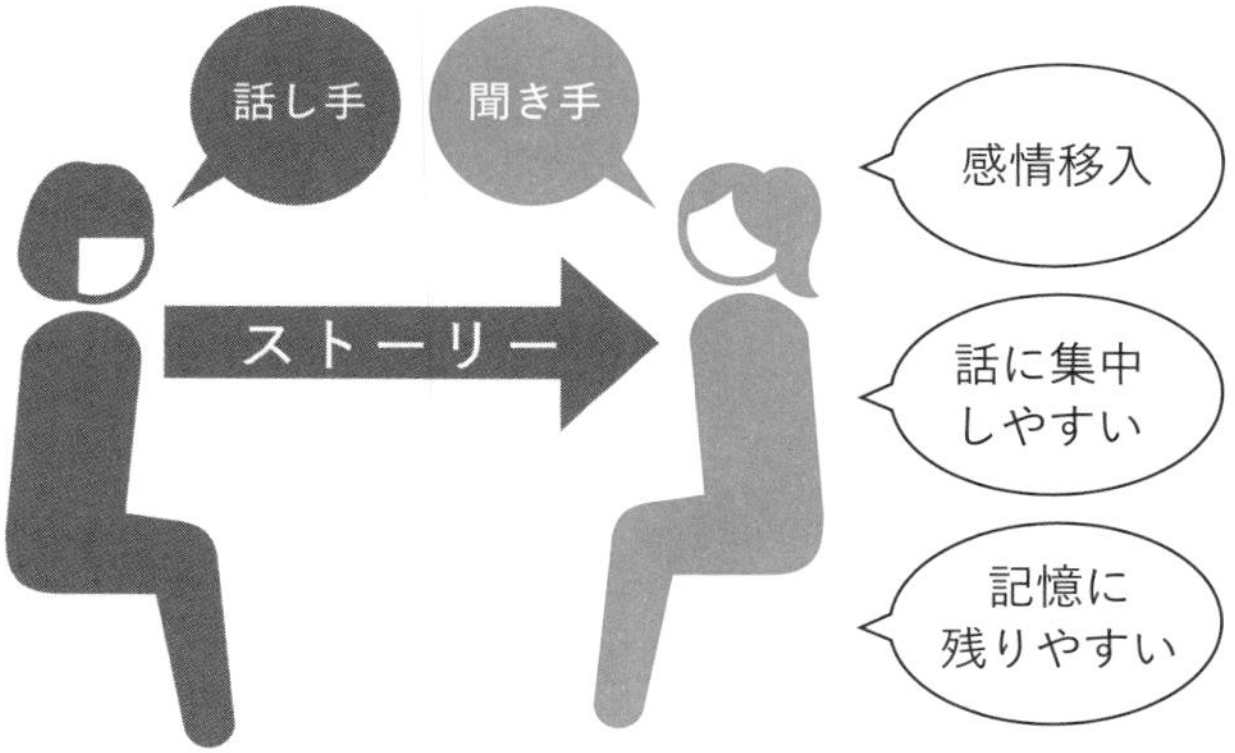
話し手
聞き手
ストーリー
感情移入
話に集中
しやすい
記憶に
残りやすい

○な会話例

「旅人のコートを脱がそうとして強い風をぶつける北風とポカポカした陽光を浴びせた太陽の童話、読んだことはありますか？　太陽の光で温まった旅人は笑顔でコートを脱いで歩き出しましたとさ……というお話です。

後輩を育てるときのアプローチも同じで、厳しい指導よりも見守り寄り添うスタンスのほうが中長期的によい結果につながります。気持ちを入れて指導しているのにうまくいかない……とモヤモヤしたときは『北風と太陽』を思い出して、太陽のように振る舞おうと心がけてみてください」

どうでしょう？

「後輩を育てるには、厳しく接するよりも温かく見守りながら気持ちを通わせることが重要です」と言うよりも、温かく見守るニュアンスが伝わると思いませんか。

それは**話の中に物語が組み込まれたことで、聞き手が自分なりのイメージを浮かべながら耳を傾けたから生じた変化です。**

誰もが知っている童話の『北風と太陽』を題材として使ったのは、後述するストーリーテリングの手法「ストーリー・コレクション」の1つ。**話し相手がよく知っているストーリーを思い出してもらうことで、話に集中しやすい状態が生まれます。**

目の前にいない意思決定者を説得する方法

ストーリーには、受け取り手の頭のよさに左右されないわかりやすさもあります。これは、私たちの脳が物語を処理するのに適しているからです。

もし、あなたが何か新しいジャンルについて学ぶ予定があるなら、「マンガで入門」「まんがでわかる」的なシリーズを手に取ってみましょう。

そのジャンルの専門書を読むよりも、はるかにスムーズに概要が頭に入ってくるはずです。これも、ストーリーの持っている力です。**マンガで学びたいことの大枠を捉えておくと、頭の中に地図ができ、その後の勉強で挫折しにくくなります。**

歴史を学ぶとき、あのマンガではすごくいやなキャラクターとして描かれていたけれど、文献に当たっていくと善行も多いし、いいヤツだったのかもしれない……。そんなふうに大枠を捉えた上で、自分なりに知識を増やしていくと、ギャップを埋める感覚とともに、するすると記憶に残っていきます。

そんなふうに自分でストーリーの力を経験してみると、ストーリーテリングの手法を学ぶ意欲も高まるかもしれません。

もう1つ、ストーリーが持つ優れた力があります。それは**伝えたメッセージが聞き手の記憶に長く残り続ける効果を発揮する**ことです。

この特性は、ビジネスシーンであなたを助けてくれます。

というのも、「一度、社に持ち帰らせていただきます」「上司と相談して連絡します」といったフレーズが常套句となっているように、ビジネスシーンでは意思決定者がその場にいないケースが多々あります。

あなたが入念な準備をして披露したプレゼン、気持ちを込めて語りかけた営業トークを見聞きした相手が納得し、上司や経営層に伝えることで物事が前に動き始めるわけです。

そう考えると、営業成績が伸びない、プレゼンで結果が出ないといった悩みがあっても落ち込む必要はありません。あなたが日々行っているのは、「その場にいない決定権を持っている人に対して、目の前の話し相手が働きかけていく材料を提供する」という非常に複雑で、難易度の高い仕事だからです。

プレゼンに納得した人による決定権を持つ人へのプレゼン、商談にメリットを見出した人による決定権を持つ人への営業。これを成功させるには、又聞きでも決定権を持つ人が納得する材料を提供するしかありません。

目の前の話し相手が理解しやすく、なおかつ記憶に残しやすい形で伝えなければ、その先にいるキーマンの説得には至らないのです。

そこで、ストーリーテリングが役立ちます。

意思決定者に伝聞で伝わるからこそ、ストーリーの力を借りましょう。神話の時代から培われた物語と脳との相性のよさを味方につけ、ストーリーに乗せて語ることであなたの伝えたい内容が目の前の相手、その先にいる人たちにも伝播《でんぱ》していきます。

たとえば、**『聖書』が人類史上最も普及した本になったのは、ストーリーテリングをきちんと行った初めての宗教本だったから**です。人は自分の記憶に残っているものに価値を見出し、多くの人が知るべきことだと考え、広めるべき情報だと口コミを始める傾向があります。

しかも、**一度受け入れられたストーリーは相手の頭の中でどんどん育っていきます。**人の行動を促したいと思っても、実際にあなたがいつも相手のいる場所に立ち会い、指示を出せるわけではありません。

しかし、ストーリーがきちんと受け入れられていれば、必要な場面で相手の脳の中で自然に再生され、あなたの意図に沿った行動をとってくれる可能性が高まります。

つまり、**話し相手を納得させるストーリーが語れるようになれば、あなたの説得力は劇的に向上する**のです。

誰でもストーリーを作れる簡単な「型」がある

とはいえ、目指すべき到達点は落語家や講談師、プロのプレゼンターといったストーリーテリングのプロではありません。また、作家のようにオリジナルのストーリーを作ったり、芸人のようにネタを練ったりする必要もありません。

あなたに目指してもらいたいのは、今の話し方にストーリーテリングの手法を加え、物語性を高めていくことです。

たとえば、私はこの数年、一気にワインが好きになりました。

最初は「これはおいしい」「こっちはいまいちかも」というぼんやりした感想しか言葉にできず、気にいったワインがあってもうまく人にすすめることができませんでした。

でも、学びながら飲み続けるうち、知識が増え、そこにストーリーテリングの手法を加えることで、今は話し相手が思わず「飲んでみたい」と思えるような話し方ができるようになっています。

○な会話例

「このワイン、歴史あるワイナリーで作られた味わい深い1本でオススメです」

↓

「このワイン、おいしいので、オススメです。でも、ただおいしいだけじゃないんです。あるとき、僕は『どうしておいしいんだろう？』と思い、このワインのことを調べてみました。

すると、このワインを造っているワイナリーは15代続いていて、醸造法は一子相伝。味わいの秘密は醸造の哲学とブドウ畑の土にあると聞いて、いても立ってもいられなくなってフランスに飛び、ワイナリーを訪ね、造り手の人に会って話も聞かせてもらったんです。

実際に畑を一緒に歩いたんですが、本当に環境的に厳しい土壌で、何か作物を育てるだけでも難しそうな土地でした。そこで目にしたのが、苦労して最高のワインを造っている醸造家のブドウを見つめる目。これが、わが子を見るような優しい眼差しなんですよ。

非科学的な話かもしれないですけれど、この愛情は間違いなくワインの味わいに作用し

おいしいワインのストーリー

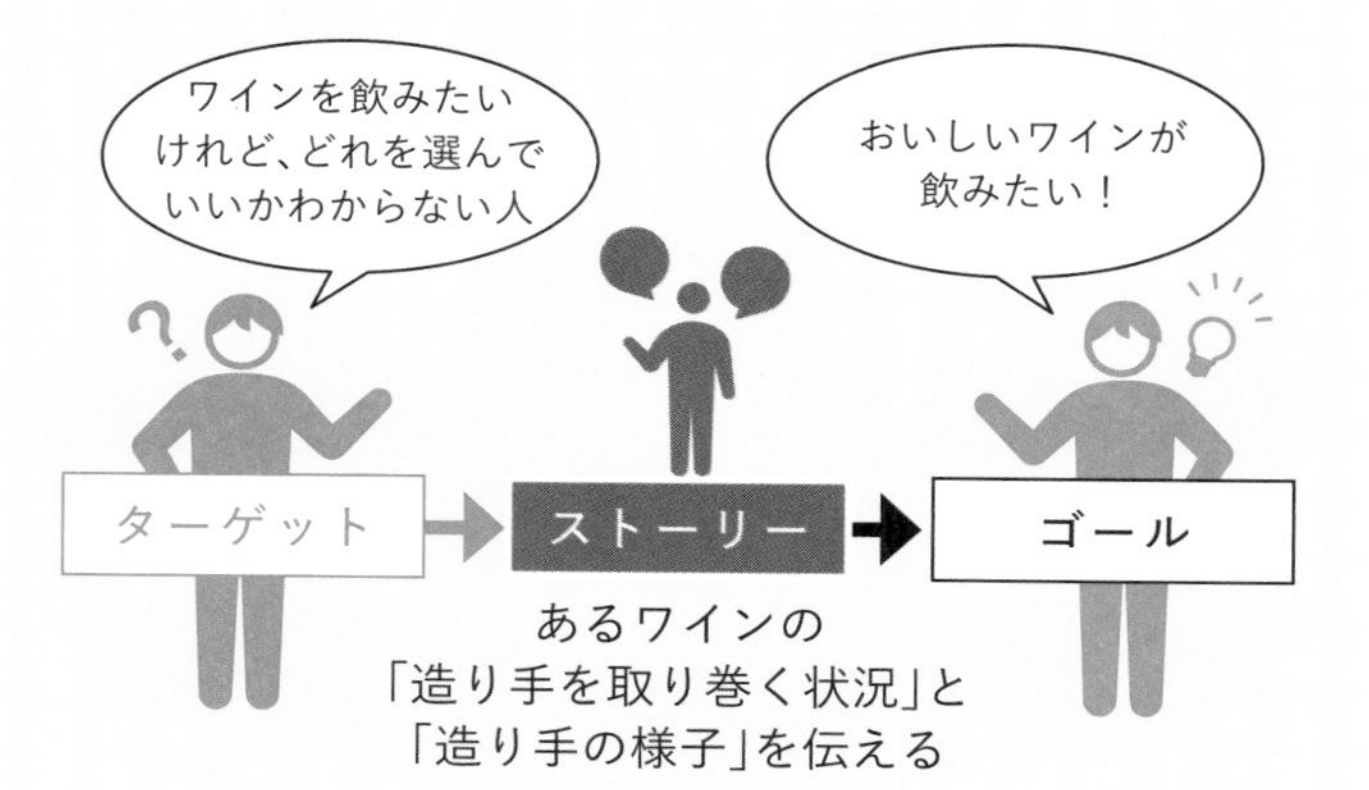
ワインを飲みたいけれど、どれを選んでいいかわからない人
おいしいワインが飲みたい！
ターゲット
ストーリー
ゴール
あるワインの「造り手を取り巻く状況」と「造り手の様子」を伝える

ているんだろうなと思いました」

「おいしいワイン」という情報の伝達にストーリーをプラスαすることで、話し相手の心にズバッと刺さるようになります。そして、こうしたストーリーテリングの手法には学術研究によって証明されている型があります。

ですから、あなたが話し下手でも、話術に長けていなくても、安心してください。

これから紹介するストーリーテリングの型を学び、真似しながら、自分なりの経験、知識をプラスαしていくことで、簡単に相手の心を動かし、説得できるストーリーのある話し方ができるようになります。

POINT

!

会話の中にストーリーを組み込んで話すと、聞き手が集中してくれる上、相手の記憶に長く残り続ける。

◀ 物語を上手に語るテクニック

これ1つで大丈夫。「CARフレームワーク」

いよいよ、ストーリーテリングの型について解説していきます。覚えて、実践していただきたいのはたった1つだけ、「CARフレームワーク」です。これはP&Gコンシューマー&コミュニケーション研究所所長で、リーダーシップ研究で有名なポール・スミス氏が提唱する「ストーリーテリング」の枠組み。CARは、それぞれ次の単語の頭文字です。

- C＝コンテクスト（Context）……文脈
- A＝アクション（Action）……浮き沈み

・R＝リザルト（Result）……まとめ

「CARフレームワーク」の3つの要素に沿って話を組み立てていくと、誰でもストーリーのある話ができるようになります。

C＝コンテクスト……文脈とは？

ストーリーを理解するために必要な背景情報を伝える

・このストーリーは、いつ、どんなときの話なのか
・話の主人公は誰なのか。誰目線で語られるのか
・主人公は何を達成したいのか、序盤で明らかにする
・達成するのを邪魔する敵や障害はあるのか

A＝アクション……浮き沈みとは？

聞き手の関心を集め、よい印象を持ってもらうには、おもしろみのある展開が必要

・「上げて、下げて、また上げる」（クライマックス法）が展開の基本

ストーリーテリングの３要素

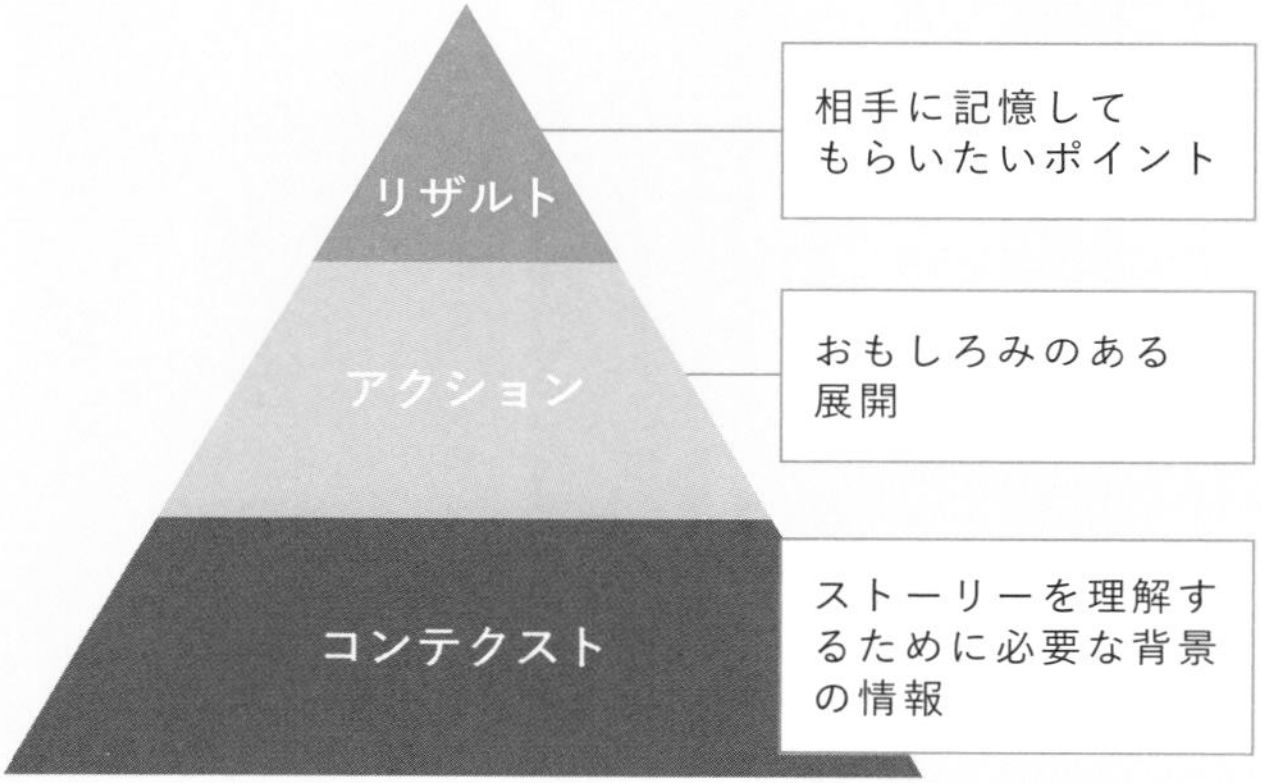

・先に結論を述べるアンチクライマックス法
・挫折や失敗、トラブルを盛り込むと聞き手の共感を得られる

R＝リザルト……まとめとは？
聞き手に記憶してほしいポイントを改めて伝える
・ストーリーの結末をしっかり示す
・得られた教訓は何だったかを繰り返す
・主人公の学んだことは明確にし、聞き手へのメッセージとする

簡単にふれておくと、このうち最も重要なのはコンテクスト（文脈）です。

ここで、あなたがストーリー仕立てにして伝えようとする話の骨子をはっきりとさせていきます。

次のアクション（浮き沈み）は、聞き手の興味を惹きつけるストーリーの演出方法。

最後のリザルト（まとめ）は、聞き手に記憶して帰ってもらいたいポイントを強調するための話の締めくくり方です。

映画でいえば、**コンテクストで主人公の紹介と何を語る物語なのかを観客に提示**します。そして、**アクションは序盤、中盤、終盤の盛り上げ演出**で、**リザルトは映画の感想を左右する物語の結び方**といえるでしょう。

C＝コンテクスト（文脈）はYouTube動画のサムネイル

ストーリーテリングの型である「CARフレームワーク」のC＝コンテクストはたとえるなら、映画のポスターやYouTube動画のサムネイルです。

これから始まる映画は、動画は、どんなストーリーなのかを予感させ、期待感や興味を駆り立てます。逆に何の事前情報もなくストーリーにふれてしまうと、私たちは混乱します。そこで語られるコンテクストがすぐには理解できないからです。

そして、多くの場合「よくわからないな……」と感じているうちに、期待感や興味はしぼんでいきます。話し相手を説得する場面でも同じです。

これから話す**ストーリーの背景となる情報を伝えることが大事で、それが理解できていると、聞き手は共感しながら話を聞くことができる**のです。

たとえば、最近、あなたの友達に恋人ができたとしましょう。

その友達から初めて「彼氏／彼女ができた！」という話を聞かせてもらうとき、どちらの切り出し方に「おお！」と驚きや興味、関心を覚えますか。

①「この間、友達の〇〇と吉祥寺の居酒屋に飲みに行ってさ。ほら、おまえも誘ったけど、予定が合わなかったとき」

②「最近、俺、彼女ができたんだよね！」

これは断然、②の切り出し方に驚きがあり、興味を持ちますよね？
きっと、それぞれの会話はこんなふうに流れていくはずです。

✕な会話例

相　手「この間、友達の○○と吉祥寺の居酒屋に飲みに行ってさ」
あなた「うん、それで？」
相　手「ほら、おまえも誘ったけど、予定が合わなかったとき」
あなた「あー」
相　手「そしたら、先に店に行っていた○○が店員の女の子と仲よくなっていて」
あなた「○○は人当たりいいもんね」（話に興味が持てず、スマホをいじり始める）

○な会話例

相　手「最近、俺、彼女ができたんだよね！」

あなた「え！　彼女できたの！　どこで？」
相　手「この間、友達の〇〇と吉祥寺の居酒屋に飲みに行ったとき、おまえも誘ったけど、予定が合わなかった日があったでしょう」
あなた「あー、あった。で、何？　そのお店で？」
相　手「先に店に行っていた〇〇が店員の女の子と仲よくなっていて、いろいろあったけど、その子とつきあうことになったんだよ」
あなた「え？　何？　それ？　どういう流れなの？」

〇な会話例、×な会話例のどちらでも語られていくストーリーは「最近、俺に彼女ができた！　と友達がのろける」です。

ところが、〇の会話例の聞き手は「最近、友達に彼女ができた!?　びっくり！　どうやって？　経緯を詳しく知りたい！」と前のめりで、×の会話例ではストーリーに入る前に飽きられてしまいます。

なぜ、この「**〇な会話例**」**が盛り上がるかというと、事前情報として必要なコンテクストを提示した上でストーリーが展開していくから**です。

コンテクストの流れ

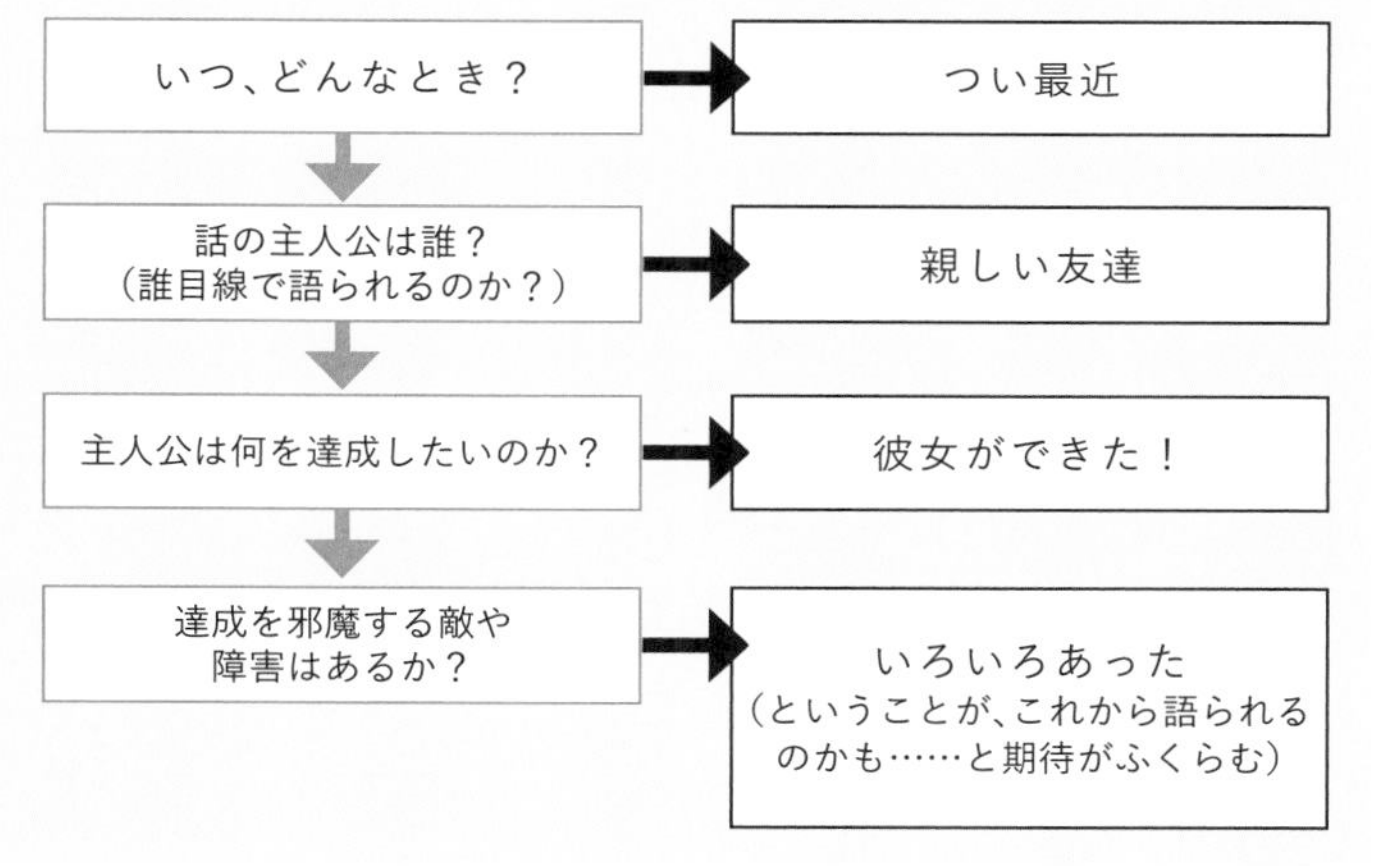
いつ、どんなとき？
つい最近
話の主人公は誰？
（誰目線で語られるのか？）
親しい友達
主人公は何を達成したいのか？
彼女ができた！
達成を邪魔する敵や
障害はあるか？
いろいろあった
（ということが、これから語られる
のかも……と期待がふくらむ）

先ほど紹介した説明に当てはめると、上の図のようになります。

これで聞き手は、話の最初に友達から「これから俺に彼女ができたストーリーを上映します！」というポスターやサムネイルを見せられたことになり、ストーリー本編の始まりに向けて聞く準備が整うというわけです。

「CARフレームワーク」を提唱するポール・スミス所長は、文脈を伝えることが相手の興味や共感を引き出し、ストーリーとのつながりをもたらしてくれると指摘しています。

サムネイルに盛り込むべき4つのポイント

実際にあなたが「CARフレームワーク」を使うとき、**最初のうちはコンテクストを作るため、次の4つのポイントについて紙に書き出していきましょう。**

- **このストーリーは、いつ、どんなときの話なのか**
- **話の主人公は誰なのか。誰目線で語られるのか**
- **主人公は何を達成したいのか、序盤で明らかにする**
- **達成するのを邪魔する敵や障害はあるのか**

たとえば、あなたがある新商品を売り込むとしましょう。

説得の目的は、相手に新商品を買ってもらう、ないしは買ってもらうよう決定権を持つ人に働きかけてもらうことです。

そのとき、コンテクストは、117ページの図のようになります。

コンテクスト、ある商品を売り込む場合

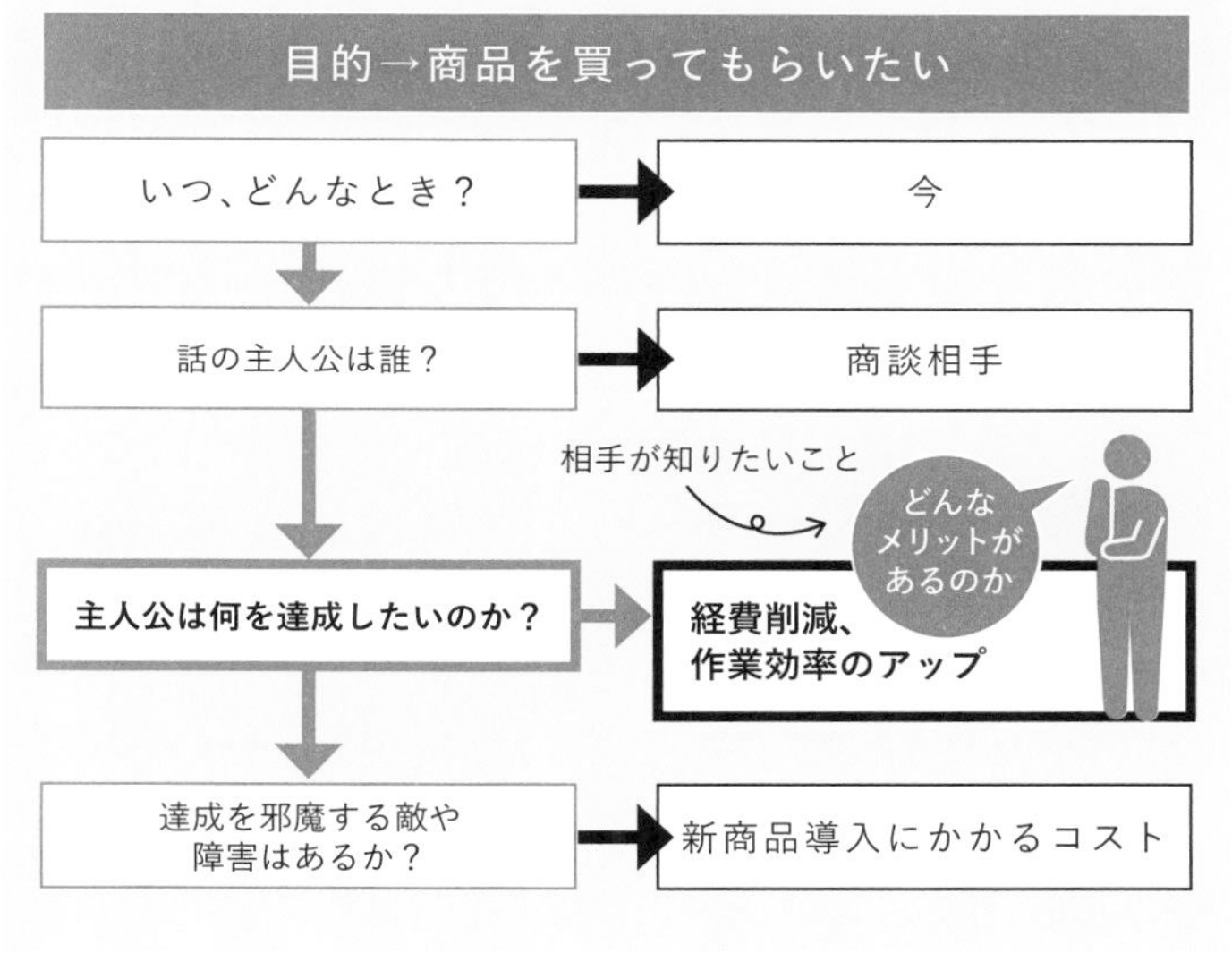

ここで最悪な会話の導入は、「○○という新商品ができました」と商品の説明から入り、従来品に比べた優位性をアピールしてしまうこと。しかも、開発の苦労話などを語り出したら確実に相手の興味関心は離れ、説得に失敗します。

そうではなく、主人公は商談相手にし、商品を導入した場合に何が達成され、どんなメリットがあるのかをストーリーにすることが説得力につながります。

なぜなら、商品を導入するかどうかを決めるのは商談相手であっ

て、彼らにとって新商品が優れていることは前提条件だからです。

相手が聞きたいのは「その新商品を使ったとき、自分たちにどんなメリットがあるのか」であって、商品の説明ではありません。

つまり、事前にコンテクストの４つのポイントを書き出すことは、あなたがこれからする話の視点をどこに置くべきかの再確認にもなるのです。

その点、いわゆる説明下手、説得下手の人の共通点は準備せずに話し出してしまうところにあります。

先ほどの会話例でいえば、彼女ができた話がしたいのに「この間、友達の○○と吉祥寺の居酒屋に飲みに行ってさ」というよくわからない状況説明から始めてしまうのです。

すると、入口で会話が思っている方向に流れていかず、聞き手の注意が逸れ、話している側に焦りが生じ、ますます話がズレていき、説明、説得はうまくいかなくなります。

友達同士の会話であれば強引に軌道修正もできますが、ビジネスシーンでのやりとりでは成果を逃す原因にもなりえます。

大切なのは、準備です。

これからする話がいつどこで起こったことなのか、主人公は誰なのか、達成したいこと、実現したいことは何で、それを実現するためにはどんな障害を乗り越えなければいけないのか。

この4つのポイントを押さえるだけでストーリーは一気に深くなり、聞き手にとって理解しやすいものになります。

だからこそ、話し出す前に各ポイントを紙に書き出していきましょう。たったそれだけの準備をすることで、あなたの語るストーリーのわかりやすさ、説得力が増していきます。

POINT

「CARフレームワーク」の要は、コンテクスト。
話す前に、ポイントを紙に書き出す準備を。
そうすることで、話を聞くメリットが伝わりやすくなり、
聞き手は興味を持ちながら聞いてくれる。

◀ A＝アクション（浮き沈み）で感情を揺さぶる

聞き手をつかむ2つの話し方

「CARフレームワーク」のA＝アクションは、ストーリー展開です。

わかりやすいストーリー、おもしろいストーリー、説得力のあるストーリーには、聞き手の感情が揺さぶられるアクションがあります。

それは主人公の失敗や挫折、挽回と成功であったり、障害や敵との戦いでの敗北や勝利であったり、仲間との助け合いであったり、悩みを乗り越える姿であったり……。

感情が揺さぶられることで聞き手はストーリーに感情移入し、その結果、納得し、説得されます。つまり、聞き手を惹きつけていくストーリーテリングにアクションは欠かせない要素なのです。

しかし、これをアドリブで語ることができるのは一握りの話のプロフェッショナルだけでしょう。そして、彼らも型を覚え、繰り返し練習したことで流れるように物語を語れるストーリーテラーになっていったのです。

そこで、ここでは誰でもすぐに使うことができる2つのアクションを紹介します。

①上げて、下げて、また上げる（クライマックス法）

②アンチクライマックス法

基本的に「上げて、下げて、また上げる」と「アンチクライマックス法」を覚えて、実践していけば、どんな話にもいいアクションが加わり、聞き手を惹きつけるストーリーに仕上がっていきます。

私もこの2つの話し方を覚え、話す内容に合わせて事前に準備をし、何度も実践することで、今のようにアドリブでストーリーテリングができるようになりました。

感情を揺さぶる「上げて、下げて、また上げる」

「上げて、下げて、また上げる」は、話にメリハリをつけるために役立つ話し方です。

あなたがこれまで　わくわくしながら読んできたマンガ、手に汗握る興奮を覚えた映画、毎週楽しみに追いかけたドラマなど、記憶に残っている作品を思い浮かべてみてください。

そこにはまず間違いなく「上げて、下げて、また上げる」がストーリーテリングとして使われています。

・運命的な出会いで徐々に惹かれ合う2人。幸せな時間が続くかと思ったとき、パートナーが病に倒れ、余命宣告を受ける。大切な人との残された時間をどう過ごすかを深く考え、寄り添っていく主人公。

・クリスマス休暇で家族のもとに向かう主人公だったが、空港でテロ集団の起こした事件に巻き込まれ、人質になってしまう。しかし、過去に従軍経験のある主人公は、異変をいち早く察知した外部の警備員とともにテロリストグループを撃退。人質を解放する。

クライマックス法（上げて、下げて、また上げる）

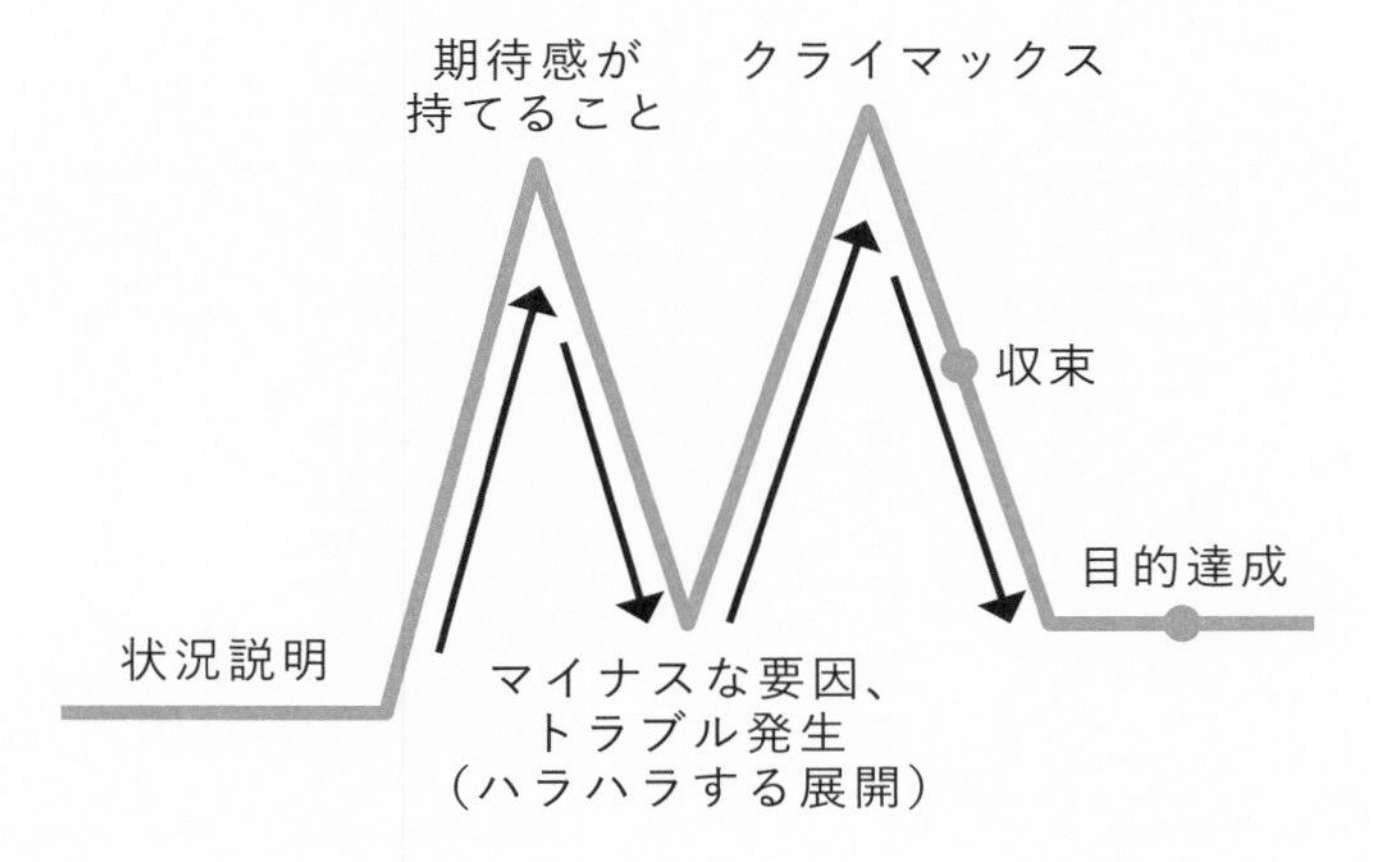
期待感が
持てること
クライマックス
収束
目的達成
状況説明
マイナスな要因、
トラブル発生
（ハラハラする展開）

・数々の難事件を解決してきた探偵に舞い込む不可思議な依頼。山村の豪邸で起きる密室での殺人事件に挑む探偵だったが、絡み合う複雑な人間関係の渦に巻き込まれていく。しかし、最後は鮮やかにトリックを見破り、殺人犯を暴き、事件を解決する。

いずれもどこかで耳にしたことのあるストーリーだと思いますが、**展開は「期待感の持てる導入、ハラハラする展開、スッキリ腹落ちするラスト」という構成**になっています。これが「上げて、下げて、また上げる」で、大ヒットするエンタテインメント作品のほとんどが取り入れているストーリーテリングです。

第1章で紹介したダニエル・カーネマン博士が提唱する「ピーク・エンド・セオリー」を覚えているでしょうか。あの理論は「CARフレームワーク」にも当てはまり、話が最も盛り上がったピークのシーンと幕引きとなるエンドのシーンが最も記憶に残ります。

「上げて、下げて、また上げる」が効果的なのは、聞き手の気持ちを上げて、下げたあと、もう一度上げてひっくり返す、その落差が大きければ大きいほど、相手の感情を揺り動かし、強い印象を与えることができるからです。

たとえば、気になる異性に自分の好意を伝えるために「上げて、下げて、また上げる」を使うなら、最初に惹かれ始めているという話をしましょう。あなたがひどく嫌われていなければ、その時点で相手の気持ちは上がります。

次に、あなたの抱えている不安を明かします。

「告白したら今の心地よく感じている関係が崩れてしまうかも」「もしかして、自分が好意を持っているだけで相手は迷惑に感じるかも」「真剣な気持ちだからこそ、日々葛藤がある」と。あなたの不安は相手にも伝播して、冷静になるという意味で気持ちを少し下げることになります。

その後、「でも、やっぱり好意を伝えて、もっと親しい関係になりたいと思った」「一度、ゆっくり話したいから仕事抜きで会う時間を作ってほしい」と切り出しましょう。熱意が伝わることで相手の気持ちは再び上がってきます。

もちろん、もっと熱い言葉で一気に告白するのもありでしょう。

○な会話例

「最近、○○さんと話していると、すごく楽しい気持ちになるのに気づいたんです。家に帰ったあとも、『また明日も話せるといいな』と思ったりもして。でも、そう思っているのは私だけかもしれないし、好意を伝えたら今のいい関係が崩れてしまうかも……と悪い想像もしたんです。

だけど、やっぱり好意を伝えて、もっと親しい関係になりたいと思いました。一度、仕事抜きで会う時間を作ってもらえませんか？」

「上げて、下げて、また上げる」は、あなたと相手が次のような関係性を築けている場合、より効果を発揮します。

・相手との信頼関係が構築できている場合
・相手があなたの話に興味を持っている場合
・相手が話の前置きや形式にこだわる人の場合
・相手が感情を重視する人の場合

いずれの場合も重要なのは、**ポジティブな話で相手の気持ちを上げて、ネガティブな要素を正直に明かして冷静になってもらい、最後にすばらしい解決策を提示して、また上げること。**「上げて、下げて、また上げる」で、相手の感情を動かしていきましょう。

最初に結論を伝える「アンチクライマックス法」

アクションに役立つ2つ目の話法「アンチクライマックス法」は、結論や重要なポイントを最初に述べる話し方で、次のようなとき効果的です。

・結論のインパクトが強いとき
・相手があなたの話にあまり興味を持っていないとき
・相手との信頼関係がまだ構築できていないとき
・ビジネスシーンなど、相手が時間の無駄を嫌うとき

結論ありきで話し始め、ストーリーテリングすることで聞き手の興味、関心を高めることができます。

たとえば、この「ＣＡＲフレームワーク」の説明の冒頭１１３〜１１４ページで紹介した会話例「最近、俺、彼女ができたんだよね！」はアンチクライマックス法です。また、テレビやネットのニュースも基本的にアンチクライマックス法で報じられます。

「○月×日、東京都港区の高層マンションで殺人事件が発生しました」
「ガソリン車の新車販売を２０３０年代半ばに禁止する方向で、政府が最終調整に入りま

アンチクライマックス法

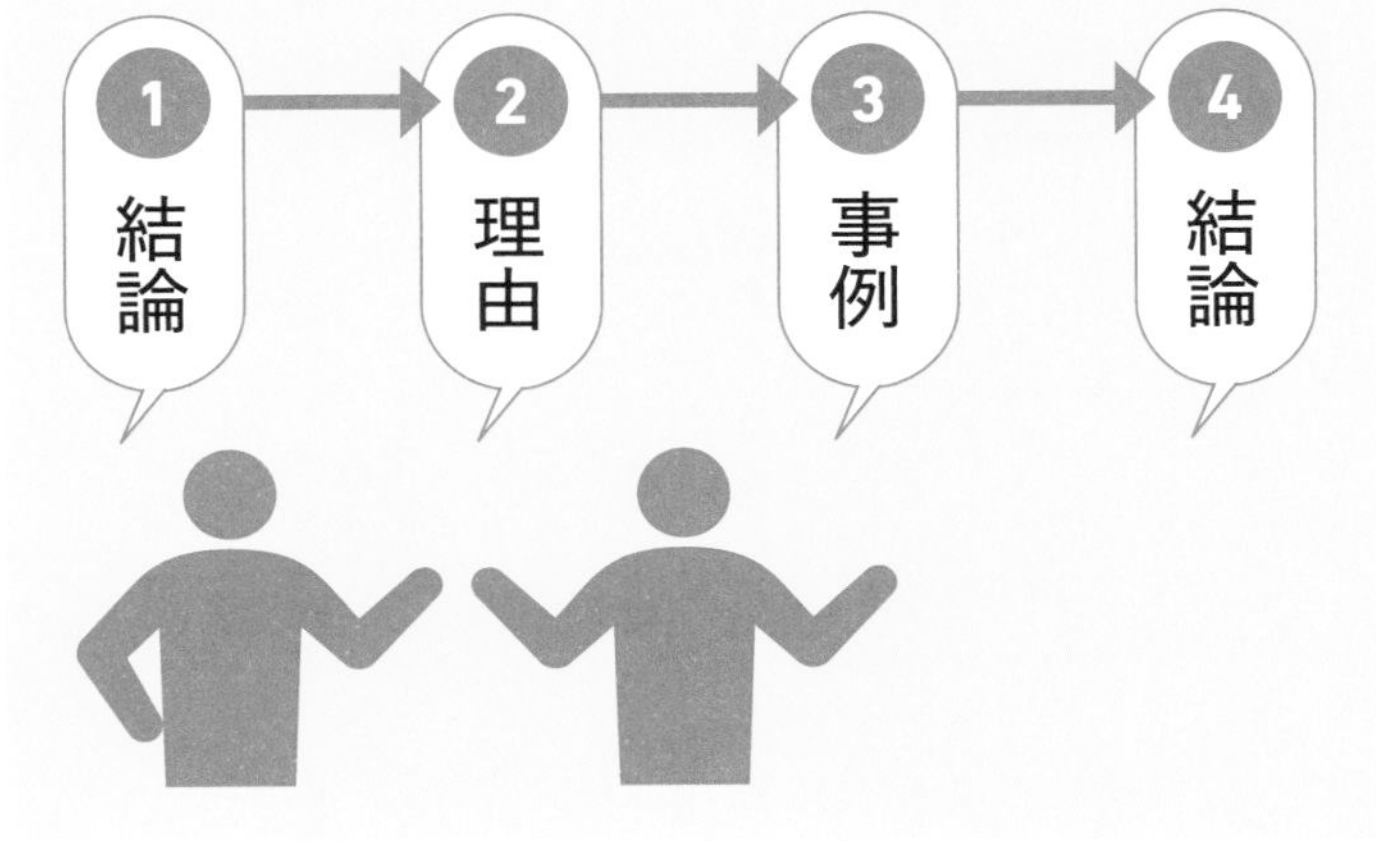

した」

「機関投資家が買うビットコイン、3年ぶりに最高値を更新しました」

　このように**最も重要な事実、結論を冒頭で伝えていくアンチクライマックス法は、短時間で相手に話への興味、関心を持ってもらうために有効なストーリーテリング**です。

　人間には、情報の「間」を埋めたがる性質があります。話の始まりでクライマックスを知ってしまうと、ストーリーの真ん中も知りたくなってしまう。オチを先に見せることで、「どうしてそうなったの？」「何が起きて、その結果になったの？」「どうやってそうなっていくの？」と、続きを聞きたいという欲求を駆り立てることができるのです。

ちなみに、対となる型に「クライマックス法」があります。

こちらは結論を最後に説明するストーリーテリングで、推理小説や映画など、フィクションの基本形です。分類するとすれば、先ほどの「上げて、下げて、また上げる」はクライマックス法の一種といえます。

話し方は相手に合わせて使い分ける

私はどちらの方法も使っていますが、使い分け方としては、**相手が積極的に聞きたい態勢に入っているときはクライマックス法、そうでもないときはアンチクライマックス法が有効**です。

たとえば、電話営業をかけてきた営業マンが「開発に15年かけた画期的な商品が完成し、ご案内しています」と言い出したら、たいていの人は面倒になり、すぐに電話を切ってしまいますよね。

でも、「明日から毎日電気代が安くなり、年間約1万円の節約になるプランに興味はありませんか？」と言われたら、支出を押さえたい層の関心を引くことができます。

また、映画でもいきなり主人公が倒れていたり、いきなり窮地に陥っていたりと、ラストシーンの一部分から始まり、時系列を巻き戻しながら本編が進んでいく作品は、アンチクライマックス法を使っています。

観客は「あれは何だったの？」「なぜそうなったの？」と気になり、最後まで観てしまうのです。個人的には、「スター・ウォーズ方式」と勝手に呼んでいますが、「この少年がどうやってダース・ベイダーになるの？」と気になってしまい、途中でやめることができませんでした。

考えてみると、『聖書』にもアンチクライマックス法が使われています。

イエス・キリストが人類の罪を背負って十字架に磔《はりつけ》にされたという前提から始まるので、読者は「なぜキリストは十字架に磔にされ、死んでいくことになったのだろう？」という導線で読み進めていくことになります。

クライマックス法とアンチクライマックス法の使い分け

	クライマックス法	アンチクライマックス法
結論のインパクト	弱い	強い
相手との信頼関係	構築できている	構築できていない
あなたの話	興味がある	あまり興味がない
前置きや形式	こだわる	こだわらない
重視すること	感情	論理

抽象的な話での説得、専門的な説明など、**相手の興味や集中が持続しにくい場合、アンチクライマックス法が効果的ですし、日常会話でも先に結論を持ってくるほうが滑りづらい傾向があります。**

これは、オチがわかっているので話し相手は安心して話の流れを追うことができ、話している本人もゴール地点を思い浮かべながら話すことができるからです。**ただし、「おもしろい話があったんですよ」で始めるのは避けましょう。**

冒頭で「よさ」を語るときは具体的に

✕な会話例

あなた「おもしろい話があってさ！」
相　手「なになに？」
あなた「この間、学生時代の友達と久々に会って飲んだんだけど、飲みすぎちゃって。終電で帰ったんだよね」
相　手「うん」
あなた「たまたま途中で席が空いたから座ったんだけど、これがよくなかったんだよな」
相　手「うん。それで？」
あなた「寝ちゃって、気づいたら終点で」
（そのあと、いかに人がいなかったか、暗かったか等々の話が続き、最後に「駅前でたぬきを見た」で終わる）

“よさ”を伝える話し方

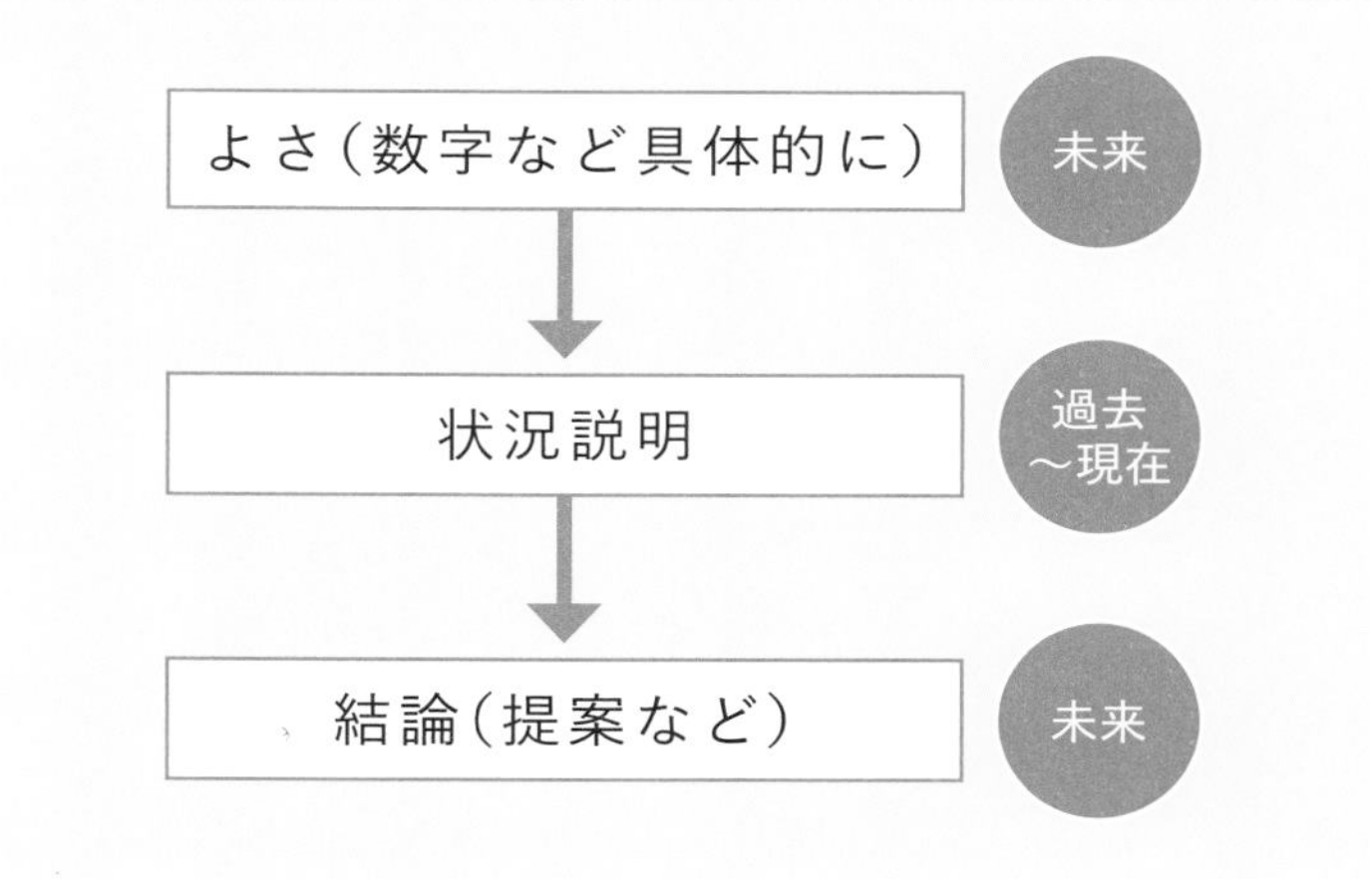

これはアンチクライマックス法のようでいて、「おもしろい話」のおもしろさの抽象度が高いため、結論になっていない例です。同じ失敗パターンに「いい商品があって」「いい企画があって」「おいしいお店があって」などがあります。

抽象度の高いままの結論を先に持ってきて、最後まで聞いたのに大しておもしろくなかったと思われてしまうのは最悪です。

おもしろさ、よさ、おいしさなどは、「何が、どのように」と明確にしてから話し出しましょう。

○な会話例

「今、電子通貨のマーケットに投資をすれば、○％のリターンが期待できます！
なぜなら、電子通貨の市場規模はこの3年間で飛躍的に拡大し、これから安定期に入っていくからです。大きなリスクを背負う分、大きな先行者利益を得るアーリーアダプターにとっては魅力の少ない市場に見えるかもしれませんが、安定した投資を求める個人投資家にとってはうってつけのマーケットです。
成長する市場とともに資産を増やしていきませんか？」

これは、私がある投資家向けの説明会で聞いたエクイティストーリーです。電子通貨のマーケットへの投資が儲かるかどうかはさておき、アンチクライマックス法としてよくできたストーリーテリングでした。

儲かるいい商品という**抽象度の高い言い方ではなく、数字でリターンを示し、その説明につなげていくという構成は聞き手に期待感を持たせ、興味を持続させます。**それがうまくいっているのは、未来を見せたあと、過去から現在について解説し、再び未来を提示する形で終わっているからです。

アクションを支えるサブテクニック

ストーリーテリングが話し手にとって難しいのは、慣れていないと必要がない話題にふれてしまったり、視点がコロコロと変わってしまったりと、話がぶれてしまうからです。すると、聞き手の頭に「?」が浮かび、「このエピソードは本人から視点? それとも友達からの視点で語られている?」など、せっかくのストーリーにうまくついていけなくなります。

この現象は「上げて、下げて、また上げる」「アンチクライマックス法」のどちらの話し方でも発生します。なぜなら、話が大きく展開していく過程では、せっかく整理したコンテクストが崩れてしまい、混乱してしまう可能性が高まるからです。

これは話し手がストーリーテリングに慣れるまでは仕方のないことでもあるのですが、混乱を避けるいいサブテクニックがあります。

それは、**話の「時系列」を意識し、過去、現在、未来の順番で話すこと**です。

たとえば、先ほど「○な会話例」で取り上げた告白の「上げて、下げて、また上げる」は時系列通りの流れになっています。

「最近、○○さんと話していると、すごく楽しい気持ちになるのに気づいたんです。家に帰ったあとも、『また明日も話せるといいな』と思ったりもして」（過去）

「でも、そう思っているのは私だけかもしれないし、好意を伝えたら今のいい関係が崩れてしまうかも……と悪い想像もしたんです」（現在）

「だけど、やっぱり好意を伝えて、もっと親しい関係になりたいと思いました。一度、仕事抜きで会う時間を作ってもらえませんか？」（未来）

過去、現在、未来とストーリーの時系列がスムーズに流れていると、聞き手は話の内容を理解しやすくなります。

履歴書を書いていると、学歴から職歴へと書き進めるうち、過去の出来事を思い出し、

話し方を支える「話の時系列」

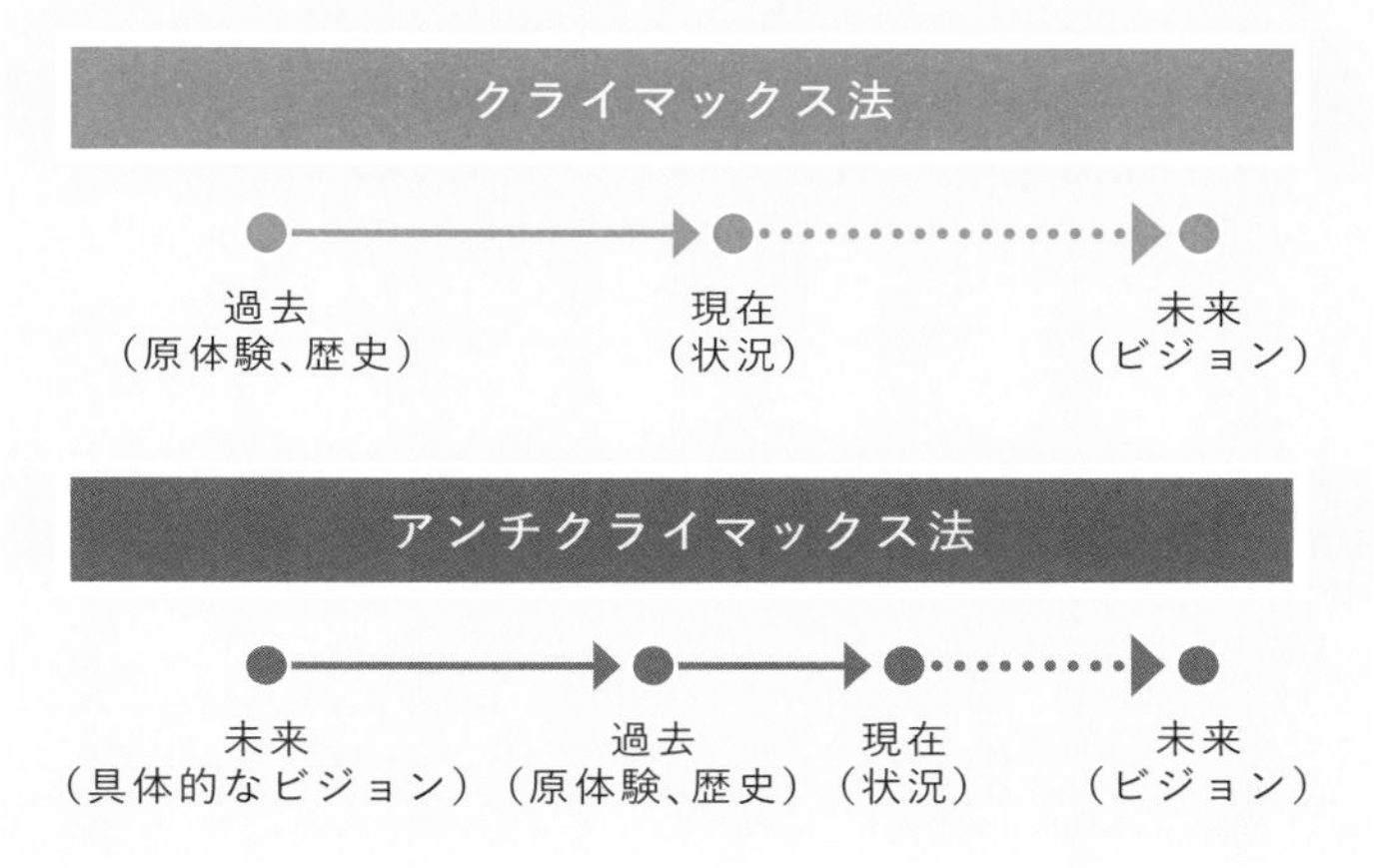
クライマックス法
過去
（原体験、歴史）
現在
（状況）
未来
（ビジョン）
アンチクライマックス法
未来
（具体的なビジョン）
過去
（原体験、歴史）
現在
（状況）
未来
（ビジョン）

「あれがあったから、今の自分はこうなっていて、この履歴書を出した先では何が待っているのかな……」などと想像が広がっていきます。

これは、私たちの脳は過去からの連なりで思考するのが得意だからです。同じように話を聞いているときも時系列が整理されていると、するすると内容が頭に入ってきます。

その点、アンチクライマックス法はわざと「未来」の要素を話の冒頭に持ってくる話し方なので、話し手側に時系列を整える意識が必要です。

結論として**冒頭にくる話は、「このサー**

ビスを御社に導入すると、コストが20％削減されます」など、「**未来**」**が中心**となります。

そこでインパクトを与えたあと、背景を語るわけですが、そのとき**過去から現在と続くよう心がけましょう。**

「このサービスを御社に導入すると、コストが20％削減されます」（未来）
「以前は技術的な障害があって、こうしたサービスは提供できませんでした」（過去）
「しかし、技術革新によって開発が可能になりました」（現在）
「御社はコスト面での問題を抱えていませんか？」（現在）
「新サービスの導入で20％のコストカットが実現します」（未来）

つまり、**アンチクライマックス法の場合、未来、過去、現在、未来という時系列を意識すると、聞き手が理解しやすい流れになる**のです。

未来からやってきた猫型ロボットのドラえもんがのび太を助ける『ドラえもん』では、ある日、突然、学習机の引き出しからドラえもんが登場します。

まさにアンチクライマックス法で始まり、「このままだと、のび太の子孫が大変なことになる」というドラえもんの視点で見た「過去↓現在↓未来」の時系列が語られ、読者はするりと作品のコンテクストを理解するというすばらしいストーリーテリングになっています。

あのレベルに達するのは容易なことではありませんが、**2つの話し方を実践し、時系列を意識すれば、誰もがわかりやすくストーリーを語るストーリーテラーになることができます。**

POINT

「上げて、下げて、また上げる」「アンチクライマックス法」は、状況によって使い分ける。
過去、現在、未来の時系列順で話すと、聞き手を惹きつけ、理解しやすい流れを作ることができる。

◀R＝リザルト（まとめ）はシンプルに

一番強調したいことを伝える

「CARフレームワーク」の締めくくり、R＝リザルトはストーリーのまとめです。コンテクスト（C）でつかみ、アクション（A）で動かした聞き手の心に改めて記憶してほしいポイントを伝えるため、短くまとめのメッセージを発します。

盛り込むべき要素は、次の3つのいずれかです。1つでもいいですし、3つすべてを盛り込んでもかまいません。いずれにしろ、**「CARフレームワーク」でストーリーテリングを行う前に自問自答し、ポイントを整理しておく必要があります。**

①ストーリーの結末をしっかり示す

・会話例に出した告白の場合

「一度、仕事抜きで会う時間を作ってほしい」

・会話例に出した投資のプレゼンの場合

「今、電子通貨のマーケットに投資をすれば、○%のリターンが期待できる」

②得られた教訓は何だったかを繰り返す

・会話例に出した告白の場合

「○○さんと話していると、すごく楽しい気持ちになる」

・会話例に出した投資のプレゼンの場合

「市場は拡大し、安定した投資を求める個人投資家にとってはうってつけのマーケット」

③主人公の学んだことは明確にし、聞き手へのメッセージとする

・会話例に出した告白の場合

「悪い想像もしたけれど、好意を伝えて、もっと親しい関係になりたいと気づいた」

・会話例に出した投資のプレゼンの場合

「成長する市場とともに資産を増やしていきませんか?」

ほとんどの会話では、語りたいストーリーそのものはコンテクスト(C)とアクション(A)でできあがっています。ですから、R=リザルトで改めて新たな話題を持ち出し、ストーリーを広げていく必要はありません。

あなたが話し相手に説明したいこと、説得したいこと、納得してもらいたいことに合わせて、「最後にここを強調しておきたい」と思うポイントを「まとめ」として取り上げましょう。

POINT

最後に「結末」「教訓」「メッセージ」のいずれかを盛り込み、聞き手の理解を深める。

◀ 会話は準備が9割

自分だけの鉄板ストーリーを持つ

ここまでストーリーテリングの型である「CARフレームワーク」を題材に、説明や説得に役立つストーリーの作り方、話し方を分解し、解説しました。

・C＝コンテクスト（文脈）で、これから話すストーリーを理解するために必要な背景情報を伝える
・A＝アクション（展開）では「上げて、下げて、また上げる」や「アンチクライマックス法」を使う。ストーリーを展開させ、聞き手の関心を集め、感情を動かし、強く記憶に残してもらう

・R＝リザルト（まとめ）で、聞き手に記憶してほしいポイントをまとめ、改めて伝える

ただ、プライベートでもビジネスシーンでも、常に「CARフレームワーク」で作ったストーリーを話せるわけではありません。日時の決まった重要な商談、プレゼン、会議、「ここぞ！」という勝負のデートや告白などに向けては、入念な準備を行うことができますが、どちらかといえばレアケースでしょう。

そこで第2章の締めくくりとして、日常の多くの場面でストーリーテリングを使えるよう、人間の行動を心理学、脳科学などの観点から研究するコミュニケーションスキル研究家のヴァネッサ・エドワーズが提唱する「ストーリー・コレクション」という会話の手法を紹介します。

9つの「すべらない話」

「ストーリー・コレクション」の発想はシンプルで、**あらかじめ「すべらない話」をいく**

つか用意しておくというもの。ただし、鉄板のストーリーをいくつか用意するだけでは、場にそぐわない話題を展開する不自然さが生まれてしまいます。

そこで、一般的に会話の題材になりやすい「定番の話題」をいくつかのジャンルに分け、それぞれに「すべらない話」を用意しておこう……と推奨するのが、ヴァネッサ・エドワーズが提唱する「ストーリー・コレクション」の考え方です。

①通勤、通学、ドライブの話題

・みんながやっていることの話題

・仕事、プライベート両方の移動の話

通勤、通学、ドライブは誰もが経験しています。そのときに起きた出来事、大渋滞にハマったエピソード、そこから感じ取った教訓などをストーリーにしてまとめておきましょう。**仕事、プライベートのさまざまな場面で役立つ**話題となります。

②季節、天気、災害の話

・多くの人が共有しやすい話題

・季節の野菜や料理
・地域の寒暖差の話

雑談の定番の話題である季節、天気、災害の話。それを一段深くしていきます。

たとえば、春夏秋冬の季節の野菜を調べ、会食の席でお店の人に「寒さが厳しくなると、白菜がおいしいですよね。今日の料理ではどんな味つけで出てきますか?」と話すだけで、同席の人たちに好印象を残すことができます。

③本、テレビ、映画、古典

・本と古典は最強である
・ジャンルが無限
・本は相手に合わせてストーリーテリングができる
・自分の節目を変えてくれた本
・本の内容を忘れないようになる

99ページに童話の『北風と太陽』を題材として使う会話例を書きましたが、**話し相手がよく知っている本を題材にするのは、話への集中度を高めるのに効果的**です。

9つのストーリーコレクション

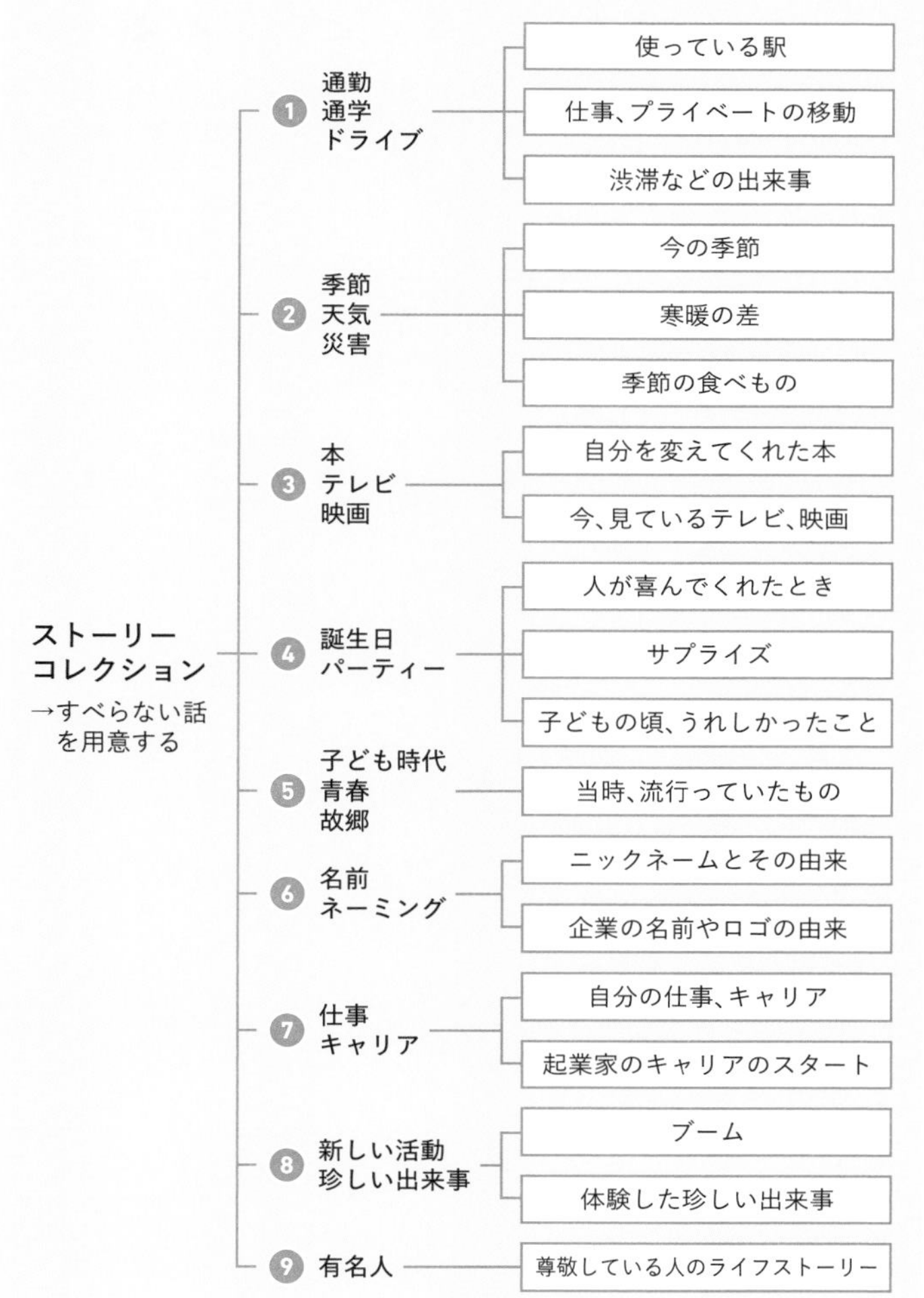

また、普段から私が一番使っているストーリーテリングが、本を題材にしたもの。**本との出会いによって何を学び、どういうふうに自分の人生がよくなったのか。どれだけ自分の日々の効率が上がったのか。**

自分の人生を変えてくれた本、落ち込んでいたときに読んで元気が出た本、仕事のターニングポイントになった本などをストーリーにして、ストーリー・コレクションに加えておくことをオススメします。

加えて、**本のエピソードをストーリー・コレクションに加えると、読んだ内容を忘れないという効果もあります。**

④誕生日、パーティー、プレゼント

・人が喜んだときの話

・他人にプレゼントをして喜ばれた話

・自分をよい人に見せるときに使える

友達のために開いたサプライズパーティーの話、喜ばれたプレゼントの話、子どもの頃、親からもらってうれしかったプレゼントの話など、誕生日のエピソードは**ドラマチックな**

ストーリーに仕立てることができます。

そこで、「友達が喜んでいるのを見たら、こっちもうれしくなっちゃってホロっときました」とつなげれば好感度が上がりますし、「私の子どもの頃とは違い、今なら記念日を特別な思い出に変えるこんな方法もあります」と展開すれば、プレゼンや商談にも効果的なストーリー・コレクションとなります。

⑤子ども時代、青春、故郷

・昔話

・学生時代の印象的なエピソード

学生時代の武勇伝を披露するようなストーリー展開は避けたいところですが、当時流行っていたものを題材にした話は同世代には深く刺さります。

⑥名前、ネーミング、おもしろい名前

・子どもの頃のニックネーム

・企業の名前の由来

・企業のロゴの由来など

自分の子どもの頃のニックネームとその由来を披露するのは、自己開示を含んだ自己紹介となって相手との距離を縮めてくれます。また、**雑学的に企業の名前やロゴの由来を披露したあと、仕事の話に入っていくのもツカミとしては効果的**です。

たとえば、「Ａｐｐｌｅ」の由来は、「スティーブ・ジョブズが電話帳の前のほうに載せるためにＡで始まる代表的な単語を選んだから」と明かして、「時代は変わりましたが、今も人の目にふれるのはリストの上位だけです。Ｇｏｏｇｌｅ検索の上位に来るためには……」とつなげるなど、仕入れたネタをうまくストーリーに組み込んでいきましょう。

⑦仕事、キャリア、最初の就職先

・自分のこれまでのキャリア

・起業家のキャリアのスタート

自分のキャリアの話は自己紹介の１つとして鉄板のネタになります。また、**名の知れた起業家の起業のスタートのエピソードも人々を惹きつけます。**

「ＮＩＫＥの創業者フィル・ナイトは元々会計士。会計士をしながらＮＩＫＥのビジネスモデルを構想するものの、創業時から数年は深刻な資金不足もあり、勤めている会計事務所を辞めることができませんでした。つまり、ＮＩＫＥを創業したものの、副業状態だったのです」

このように話し、今の副業ブームにつなげていく。

「今やサブスプリクション・サービスの筆頭格であるＮｅｔｆｌｉｘ。そのビジネスモデルが生まれたのは、創業者のリード・ヘイスティングスがある日、自宅で返却を忘れていた『アポロ13』のレンタルビデオを見つけたことがきっかけになっています。それをレンタルビデオ店のブロックバスターに返しに行くと、40ドルの延滞料金を請求され、『ムカついたから、延滞金がかからないビデオ屋を作ってやる！』となり、最終的にはネット回線を使ってリアルタイムで配信する今の形になっていったのです」と秘話を明かし、「アイデアはどこにでもある」

というように、展開させるのもいいでしょう。

成功例が明確なだけに、説得力の高いストーリーになります。

⑧新しい活動や珍しい出来事に関する話

・人は新しいものに興味を持つ

・体験した珍しい出来事

人は新しいブームやムーブメントに関心を持ちます。

たとえば、タピオカブームがなぜ急失速してしまったのかを自分なりに分析し、そこから流行に乗るビジネスのメリットのデメリットを語っていくとか、サウナブームに乗って自分もサウナーになって体感した「ととのう」から「現代人にはメンタルヘルスが必要」とつないでいくとか。

そういったストーリー・コレクションを用意しておくことで、**情報への感度のよさをアピールし、説得力を高めることができます。**

⑨有名人の話

・尊敬している人のストーリー

あなたが尊敬している人のライフストーリーや逸話を語りましょう。

たとえば、超ロングセラーであるデール・カーネギーの『人を動かす【文庫版】』（山口博訳、創元社）には、アメリカの第16代大統領のエイブラハム・リンカーンのエピソードが満載です。**リンカーンが○○していたように、○○すると人は動く、と。こうしたストーリーテリングは強い説得力を持ちます。**

こうした定番の話題にあなたなりの「すべらない話」を用意することで、コミュニケーションを取るときに余裕が生まれます。また、できるだけ多くのジャンルのストーリーをコレクションしておくと、どんなシチュエーションでも説明、説得のできる話し手となることができるのです。

そして、**自分がストーリーを披露したあとは、その話について感想や同じジャンルで相手にとって印象的なエピソードについて質問すると親密度が高まります。**

これは自分が話し終わったあと、相手にバトンを渡すことで聞き役に移ることができるからです。

第1章の41ページで書いた通り、「相手の感情を引き出し、丁寧に聞くこと」がやはり大事。それが最も効果的に相手の心を惹きつける方法となるのは、どんなシチュエーションでも変わりません。

説明、説得のストーリーテリングのあとは、話し相手のストーリーに耳を傾けるよう心がけましょう。少々強引な説得を行ったとしても、相手の感情を引き出し、丁寧に聞くというアフターフォローによって、あなたの印象はよいままに保たれるはずです。

POINT

余裕を持つために、自分だけの「すべらない話」を作ろう。話が一段落したあとは、相手に質問をして親密度を高めることも忘れずに。

第3章

脳神経学者がオススメする話に深みを出すためのポイント

◀ 気になる人と親しくなるために必要なのは「内面の静けさ」

なぜ、大人になると友達を作りにくいのか？

あなたには今、誰か「この人ともっと親しくなりたい」「関係性を深めたい」と思っている相手がいますか？　あるいは、「なかなか人と親しくなれない」「じっくり語り合えない」と悩んだことはありますか？

よく「大人になると、友達が作りにくい」といわれます。

これは、なぜか。じつはアメリカのカンザス大学が行った研究によってある程度、その理由を説明することができます。

研究チームは新しい街に引っ越し、これまでのコミュニティとは異なる場所に身を置いた429人を対象に、その後の人間関係の変化を追跡しました。すると、誰かと友達になるための時間が明らかになったのです。

平均して50時間会うとカジュアルフレンド（ときどき顔を合わせ、世間話をする程度の友達）になり、90時間会うと関係性はアップグレードされ、気の合う友達になります。さらに200時間過ごすと、その上の親密な友達へと関係が発展していったのです。

ただし、親しくなるには1つ条件がありました。

それは**「選択的人間関係」**であったこと。

選択的人間関係とは、**「あの人と話したい」「一緒に過ごしたい」と自分の意思で誘ったり、誘いを受け入れたりする関係。**逆に、学校や会社で毎日のように顔を合わせるだけの「閉鎖的人間関係」の相手とは、いくら同じ時間を過ごしてもカジュアルフレンド以上の関係性には発展しません。

つまり、**自分から求めて積み重ねた時間が200時間に達すると、親密な友達になっているということです。**

この結果を見ると、なぜ、大人になると親密な友達ができにくいのかがはっきりします。なぜなら、多くの人にとって親しくなりたいと思う相手と自然な形で２００時間も一緒に過ごすのは、高いハードルとなるからです。

学生時代のようにクラスメイトや部活動や趣味の仲間、放課後の膨大な暇を一緒に過ごした近所の友達など、なんとなく一緒にいる時間を共有する相手も極端に減ってしまいます。気が合いそうな人と出会って「この人ともっと親しくなりたい」「関係性を深めたい」と思っても、お互いに忙しく、なかなかうまくいきません。

第3章で紹介していくのは、そんなジレンマを乗り越える「親しくなるための話し方」です。

この話し方を身につけ、実践すると、1回4時間で計算すると50日もかかる２００時間という時間の枠を共有しなくても、第一印象で好印象を持った相手、なんだか気になる知人、仕事上親しくなっておきたいキーパーソン、うまく関係性を深めておきたい先輩や後輩など、さまざまな人と親しくなることができます。

仲よくなる一番いい方法は、「私はこんな人間です」と伝え合うこと

よくあるマナー本では、「初対面のときには、当たり障りのない失礼のない会話をしましょう」「政治の話、スポーツの話は避けましょう」といった謎のルールが紹介されています。実際、新社会人向けの研修でそんなことを教えるマナー講師もいるようですが、はっきりいって、何の科学的な根拠もありません。

第1章で解説した通り、天気や交通手段といった当たり障りのない話をしていても会話は上滑りしていくだけ。もちろん、間を持たせたいだけならそんな雑談もいいでしょう。

しかし、話している相手ともっと親しくなりたいと考えているなら、なんとなく流布している会話のマナーは忘れてください。

必要なのは、いかに早く抵抗なく相手とプライベートに踏み込んだ会話ができるかどうかです。そうした会話のやりとりこそが、相手との親密度を上げてくれます。

そして、大人になってからできた信頼できる友人の存在は、確実にあなたの人生の質を

高めていってくれるはずです。

では、きっかけとなる「プライベートに踏み込んだ会話」とは、どういう内容の話なのでしょうか。

それは、**あなたと相手の心の奥にある本音、考え方、価値観、物事の見方、人生に大きな影響を与えている過去の出来事といったパーソナルな話題をお互いに話し合うこと。**心理学では「自己開示」と呼びますが、「私はこんな人間です」と伝え合うことが相手と仲よくなる一番いい方法です。

お互いに踏み込んだ話ができるからこそ、「この人とは、ほかの人とは違う話ができる」「信頼できる存在だな」「こいつのためなら力を貸したい」と、いい方向に人間関係が深まっていきます。

ただし、ここで気をつけたいのは一方的に自分のパーソナルな話題を打ち明けるばかりにならないこと。あなたが自己開示するのは、話し相手に「自分のことをわかってほしい」「信頼してほしい」「親しくなりたい」という気持ちからだと思います。

しかし、それが一方通行になってしまって相手が聞き役に徹してしまうと、あなたはスッキリしても、相手に重荷を渡すことになりかねません。

先に自己開示をするのは、あくまで相手にもパーソナルな話題を打ち明けてもらうため。

呼び水として話しているという意識は、忘れずに持っておきましょう。

自己開示については、174ページでより詳しくお伝えします。

「親しくなるための話し方」2つのポイント

ちなみに、私は友人知人の多いタイプではありません。でも、自分から親しくなりたいと思った相手とは、確実に深いつながりを築くことができます。それは「親しくなるための話し方」の2つのポイントである、自己開示の適切な使い方と、話す前に行っておく事前の準備の方法を押さえているからです。

親しくなるための話し方、2つのポイント

・お互いに自己開示をする

・事前準備として、自分の内面を整える

第1章で解説した「雑談力」を実践すると、話し相手の感情を引き出すことができるようになります。すると、相手にとってあなたは話しやすい人、親しみを感じる人のゾーンに入ってきます。つまり、より親しくなるための土台は整っているのです。

ところが、そこで多くの人がもう一歩踏み込めないまま足踏みしてしまいます。

「もっとプライベートの突っ込んだ話をして、仲よくなりたい」

←

「でも、せっかくいい感じで雑談を交わせる仲になったのに、気軽な関係が崩れるのも、なんだかなあ……」

「相手の本音を聞いてみたい」

←

「だけど、本音を聞き出そうとして、心のシャッターが下りちゃったらいやだな……」

愛読者カード

■本書のタイトル

■本書についてのご意見、ご感想をお聞かせ下さい。

※ このカードに記入されたご意見・ご感想を、新聞・雑誌等の広告や
弊社HP上などで掲載してもよろしいですか。
はい（ 実名で可・匿名なら可 ）　・　いいえ

ご住所	□□□-□□□□　☎　—　—		
お名前	フリガナ	年齢	性別
			男・女
ご職業			

2つのポイント

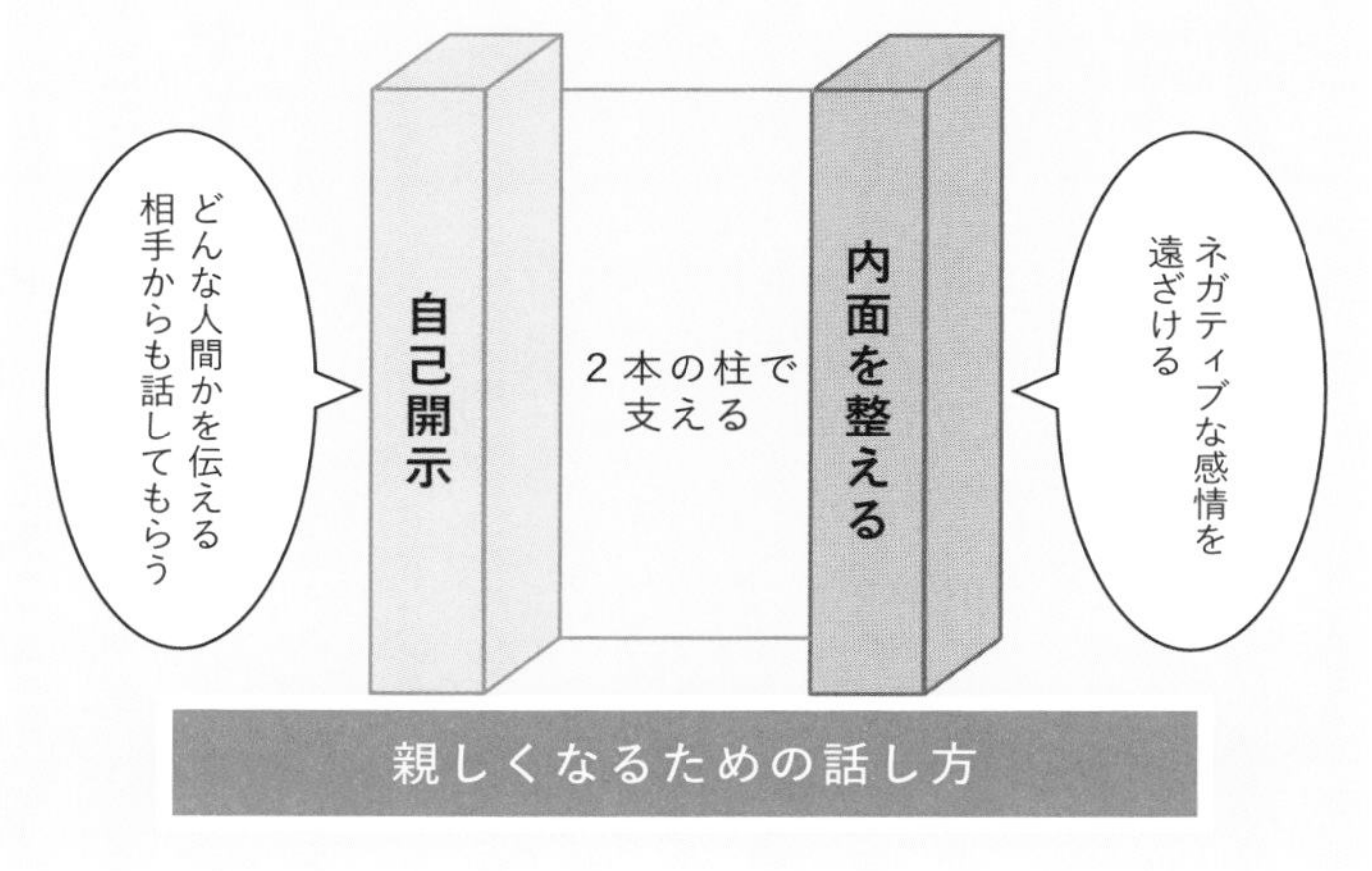
どんな人間かを伝える
相手からも話してもらう
自己開示
2本の柱で
支える
内面を整える
ネガティブな感情を
遠ざける
親しくなるための話し方

「悩みを打ち明けて、相談に乗ってもらいたい」

↓

「重い話をすると、引かれてしまうかもしれない……」

パーソナルな話題を話せる関係を作りたいのに、「うまくいかないかも……」と不安になり、相手に悪いかもしれないと遠慮し、尻込みしてしまうのです。

この余計な気づかいもまた、大人になると友達が作りにくい原因となっています。

では、どうして不安や遠慮を感じてしまうのでしょうか。その理由は、自己開示をする前に行っておくべき準備が足りないことにありました。

話し方や話す内容よりも大事な「内面の静けさ」とは？

その準備とは、「自分の内面を整えること」。

根拠となっているのは、アメリカのトーマス・ジェファーソン大学ミルナ・ブラインド統合医療センターの医師でもあり、脳神経学者でもあるアンドリュー・ニューバーグ博士の研究チームが行った会話に関する研究です。

ニューバーグ博士の研究チームは、信頼関係が増すようなコミュニケーションについての先行研究をレビュー。人と人とが親しくなる会話の鍵はどこにあるのかを探りました。

そこで、**研究チームが不可欠な要素として第一に挙げたのは、話し方や話す内容ではなく、意外にも「内面の静けさ」**でした。

なぜそれが重要かというと、不安や遠慮が親しくなるための踏み込んだ会話を尻込みさせるように、過去の多くの研究でネガティブな感情が他の人とのコミュニケーションの妨げとなることがわかっているからです。

また、内面がざわついたまま踏み込んだ会話を始めてしまうと、一方的に自分が話し続けてしまったり、相手の話をきちんと聞けずに信頼できないと思ってしまったりといったトラブルも生じます。

勇気を持って自己開示をするためには、ネガティブな感情を遠ざけ、メンタルを整え、内面の静けさを保つことです。

「内面の静けさ」を作る3つのトレーニング

ニューバーグ博士の研究チームは、「内面の静けさ」を作るための具体的な方法を、3つ紹介しています。

すべてを行う必要はありません。あなたのその場そのときの状況に合わせて、使いやすいものを実践してください。

内面の静けさを作るトレーニング①▼1分リラクゼーション

椅子に座る、もしくはベッドや床に横になって、目を閉じます。そして、自分の身体の中で最も緊張している部位を感じ取っていきましょう。

たとえば、「肩甲骨の周りが凝っているな」とか、「週末のフットサルの疲れで、太ももが張っているな」とか、「スマホの使いすぎで目がしばしばしているな」とか。疲れを感じているところや違和感のあるところを感じ取り、現時点でのストレス度合いを10点満点で採点します。

その後、深く息を5秒間吸い込み、倍の10秒間かけてゆっくりと吐き出します。その呼吸を3回繰り返したら、もう一度、目を閉じ、緊張していた部位に意識を向けましょう。そして、ストレス度合いの数字が最初の採点からどう変わったかを確認します。

この「1分リラクゼーション」は、fMRIという脳波の変化を数値化できる機器を使った複数研究により、大脳皮質が活性化し、コミュニケーションスキルを高めることが実証されています。

ゆったりした呼吸が副交感神経を優位にし、血流を促進。緊張している部位を緩和させ、

1分リラクゼーション

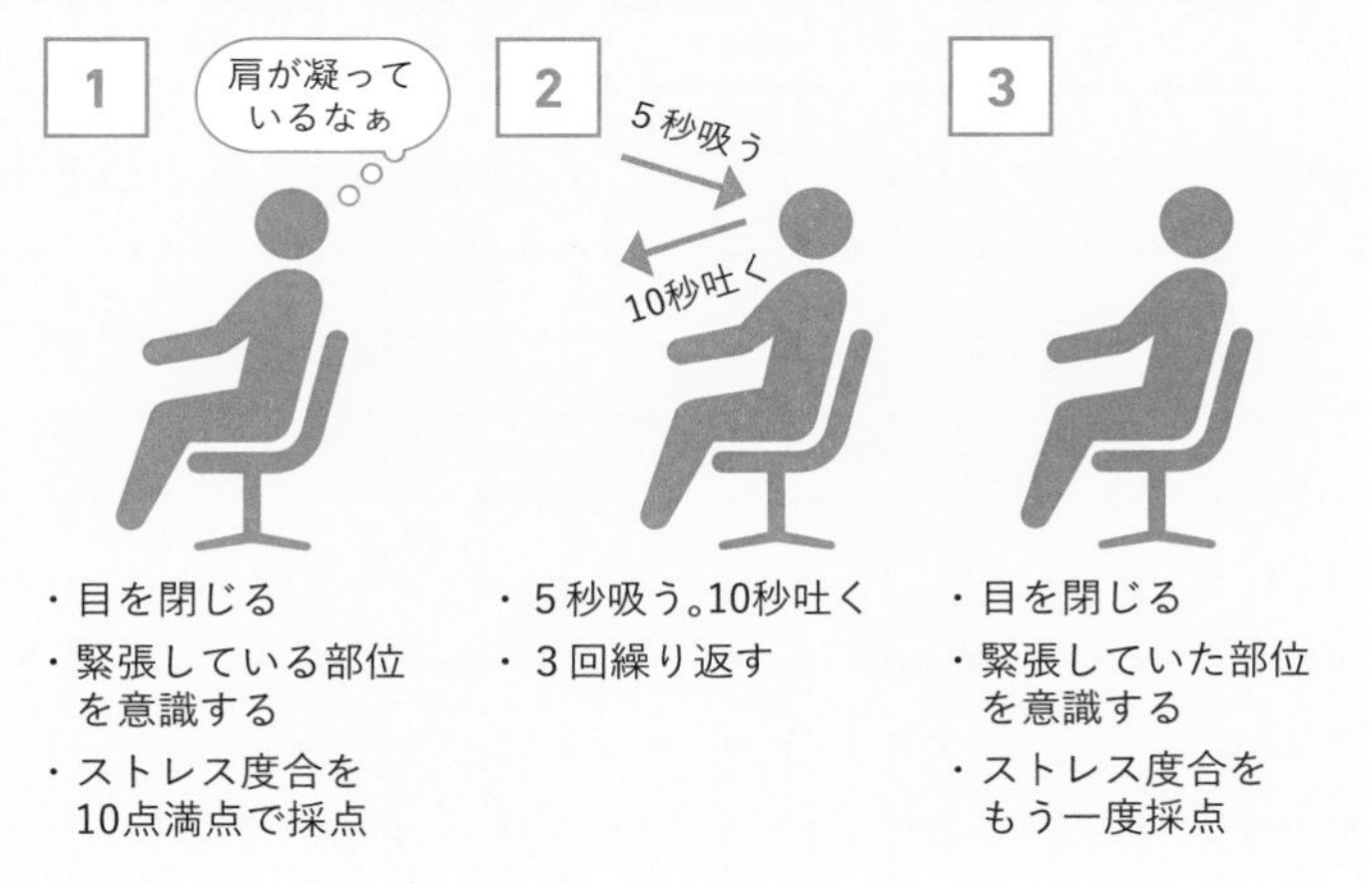
1
肩が凝っているなぁ
・目を閉じる
・緊張している部位を意識する
・ストレス度合を10点満点で採点
2
5秒吸う
10秒吐く
・5秒吸う。10秒吐く
・3回繰り返す
3
・目を閉じる
・緊張していた部位を意識する
・ストレス度合をもう一度採点

それが精神的なリラックスにもつながっていくのです。

ちなみに、「1分リラクゼーション」のあとにストレス度合いが0になるわけではありません。

「肩甲骨の周りが凝っているな」のストレス度合いが9から7になったり、「週末のフットサルの疲れで、太ももが張っているな」が4から2になったり、「スマホの使いすぎで目がしばしばしているな」が8から3になったり、わずかに楽になって「ストレスが減ったな」と思えれば、OKです。「ちょっと体が楽になったかも」「ゆっくり吸って吐いたら、気分がよくなった」と。そんな効能を自覚することが重要で、それが内面の静けさにつながっていくのです。

内面の静けさを作るトレーニング②▼右手のエクササイズ

「1分リラクゼーション」は非常に効果的ですが、椅子に座って目を閉じ、「スー、ハー、スー、ハー」と深呼吸ができない状況もあります。

初デート中「ちょっと待ってもらえますか」と言って、床に寝そべるわけにはいきませんし、取引先のキーマンと深い話を始める前に目を閉じて黙り込むわけにもいきません。

そんなときに役立つのが、「右手のエクササイズ」です。

これは自分の右手に意識を向けながら、「右手が本当に存在していることを実感するには、何をすればいいか？」を想像し、実際に手を動かしてみるというエクササイズ。文章にすると、おかしな印象になってしまいますが、この方法も大脳皮質が活性化し、コミュニケーションスキルを高めてくれます。

本人の感じ方が非常に重要なエクササイズなので、あなたも読んでいる本やタブレットを手近な場所に置いて、右手を開いてみてください。

右手のエクササイズ

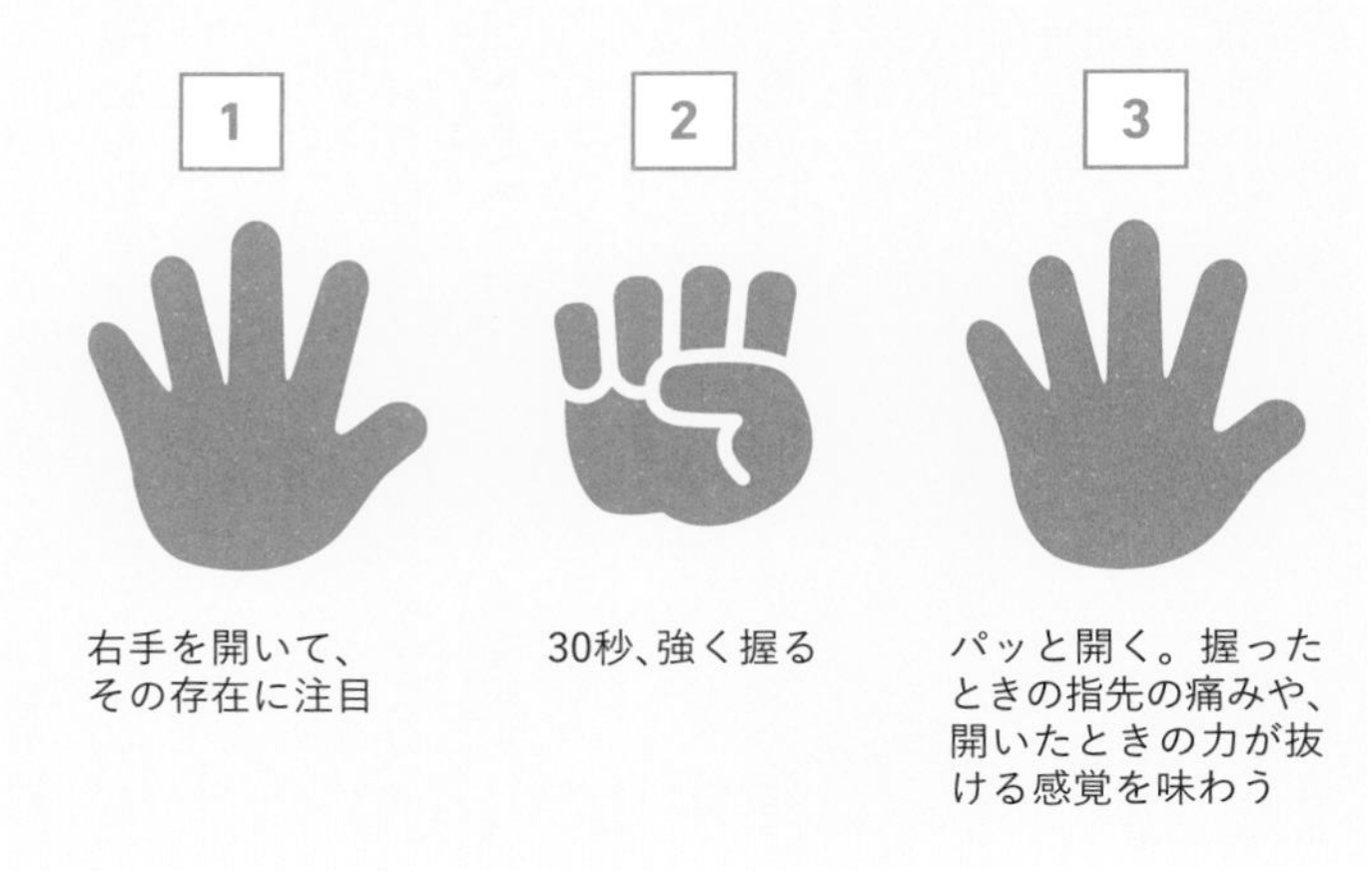
1
右手を開いて、その存在に注目
2
30秒、強く握る
3
パッと開く。握ったときの指先の痛みや、開いたときの力が抜ける感覚を味わう

そして、自分の右手の存在に注目します。すると、手のひらと手の甲の感覚の違いや指先の少しぴりぴりした感覚など、普段は気にしていない何も手にしていない状態の右手を感じ取ることができるはずです。

そうしたら、いったん右手を握って拳を作り、ギュッと強く30秒ほど握ってからパッと開きます。そして、強く握ったときの指先の痛み、パッと開いたときに入れていた力が抜けていく感じや血が巡っていく感覚を味わいましょう。

ポイントは、一時的に右手に意識を集中することです。

「1分リラクゼーション」も同じですが、

内面の静けさを得るためには注意を1点に思い切り向けて、あなたの心をざわつかせている要因を忘れる状態にしていくのが効果的。「右手エクササイズ」では右手に集中し、ストレスを切り離していくわけです。

内面の静けさを作るトレーニング③▼思い出エクササイズ

「思い出エクササイズ」は、話を始める前に過去のポジティブな出来事を思い出し、緊張をほぐすエクササイズです。

人は、話している相手がリラックスしていると、堂々としていて自信があると感じます。また、語られる内容も相手の中で深く理解されているもので、正しい知識なのだろうと思います。つまり、リラックスして話す人を信頼しやすい傾向があるのです。

逆に相手から緊張感を感じると、嘘をついているのではないか、自分でも腹落ちしていない話をしているのではないかと疑います。

では、リラックスしているか、緊張しているかをどこから読み取っているかというと、それは話し相手の表情からです。

「目は口ほどにものを言う」「顔に書いてある」などというように、私たちは相手から発せられた言葉以上に非言語の情報に鋭く反応します。だからこそ、内面の静けさが重要になってくるのです。

そして、この「思い出エクササイズ」は「1分リラクゼーション」「右手エクササイズ」に比べて、リラックスした表情を作るのに適しています。**事前にこの方法を行うと、自然と目の周りの緊張がほぐれ、落ち着いた表情を浮かべやすくなる**からです。

会話を始める前に1、2分、過去の楽しかった出来事、うまくいった場面などを思い浮かべます。また、スマホにある子どもとの写真、旅先での動画、SNSに書かれた仕事仲間からの感謝のメッセージなどを見返すのもいいでしょう。

「あのときは楽しかった」「うれしかったな」と具体的なシーンを思い返し、想像することで、目の周りの筋肉の余計な緊張が抜けていきます。すると、自然と落ち着いたいい表情になるのです。

話し相手はあなたのリラックスした表情を見ると安心感を覚え、こちらの話を信用し、信頼します。だからこそ、相手もたくさん話してくれるようになり、結果的に会話が盛り上がりやすくなるのです。

メンタルが整うと、話し相手があなたにポジティブな印象を持ってくれる

「内面の静けさ」を手に入れるために、3つの方法を解説しました。

話をする状況に合わせていずれかを実践することで、不安や緊張、遠慮を遠ざけ、メンタルが整った状態で話し相手と向き合えるようになります。

私たちは「この人ともっと親しくなりたい」「関係性を深めたい」と思っているときほど、会話の内容に意識を向けがちです。何をどう話したらいいか、相手の話にどんな返しをしたらいいか。おもしろい話ができそうか。この返答で白けてしまわないか。やりとりに注意を向ければ向けるほど、内面の静けさは失われ、不安や緊張、遠慮が高まります。

それは表情や態度に表れ、話し相手にも伝播していくのです。

まずはあなたがメンタルを整え、リラックスした状態を作りましょう。すると、相手は勝手にこんなイメージをふくらませてくれます。

・自信を持って話をしてくれるし、きちんとこちらの話も聞いてくれる
・アドバイスに深みがある、知識が豊富で賢い人だな
・話し方が落ち着いていて、内容に納得できるし、聞く価値がある

つまり、「この人ともっと親しくなりたい」「関係性を深めたい」と思うなら、会話の内容を充実させるよりも前に取り組むことがあったのです。

POINT

親しみやすいと感じさせる話し方をすれば、
深いつながりを築くことができる。
そのためにも、自分の内面を整える準備を忘れずに。

距離を縮める「自然な自己開示」

自然に深めの自己紹介をしてもらう流れを作る

内面の静けさを手に入れる方法の次に学んでいきたいのが、不自然ではない「自己開示」の仕方、させ方です。

159ページでもお伝えしましたが、**親しくなりたい相手との心の距離を近づけるために一番いい方法は、お互いのプライベートを見せ合うこと。**「自分はこういう人間です」というエピソードを語り、相手からも打ち明けてもらうようなコミュニケーションです。

お互いのプライベートを見せ合うことになる情報を脚色せずに伝え合うことを、心理学では「自己開示」と呼びます。

自己を開示する……と考えると堅苦しく思えるかもしれませんが、過去の恋愛を思い返してみてください。恋人となる人と出会ったあと、必ずお互いに自己紹介的な会話をしながら関係を深めていったはずです。

名前や仕事、どんなエンタメが好きか、これまでの恋愛のこと、楽しいと思うこと、嫌いなこと、どこに住んでいるか、家族構成はどうか……そんな1つ1つをお互いに伝えるうち、気の合う関係に発展していきます。

自己開示は恋人に限らず、友達や仕事仲間など、親しくなる人との間では必ず交わされるやりとりです。

大事なのは、あなたがどんな人間であるかを親しくなりたい相手に伝えること。そして、相手からも話してもらうこと。なぜなら、相手がどんな人かを知っているからこそ安心でき、距離が縮まっていくからです。

では、どのように自己開示を進めればいいのでしょうか。

最初にすべきなのが、深めの自己紹介です。初対面の人に会ったときに必ず行う、名前や所属、今、どんな仕事をしているか……といった軽めの自己紹介よりも踏み込んだ「あなたのストーリー」を打ち明けましょう。

盛り込む要素は、これからの夢、目標、これまでの経験、業績、失敗、取り組んでいることの動機、大事にしている価値観、喜びを感じることなどです。それぞれのストーリーを用意し、先に話すことで、相手も同じ深さの話をしてくれる確率が上がります。

「あなたのストーリー」を用意する

ただ、深めの自己紹介、自分のストーリーを即興でその場で語るのは難しいものです。そこで、私は事前に「あなたのストーリー」をまとめておくことをオススメしています。

ステップは3つです。

ステップ①▼自分史を箇条書きでまとめる

誕生日から現在に至るまでの自分史を箇条書きで書き出していきましょう。このステップが、最も時間がかかります。

通っていた学校名、初めてのアルバイト、就職した先、将来のパートナーに出会った日、

「私のストーリー」の作り方

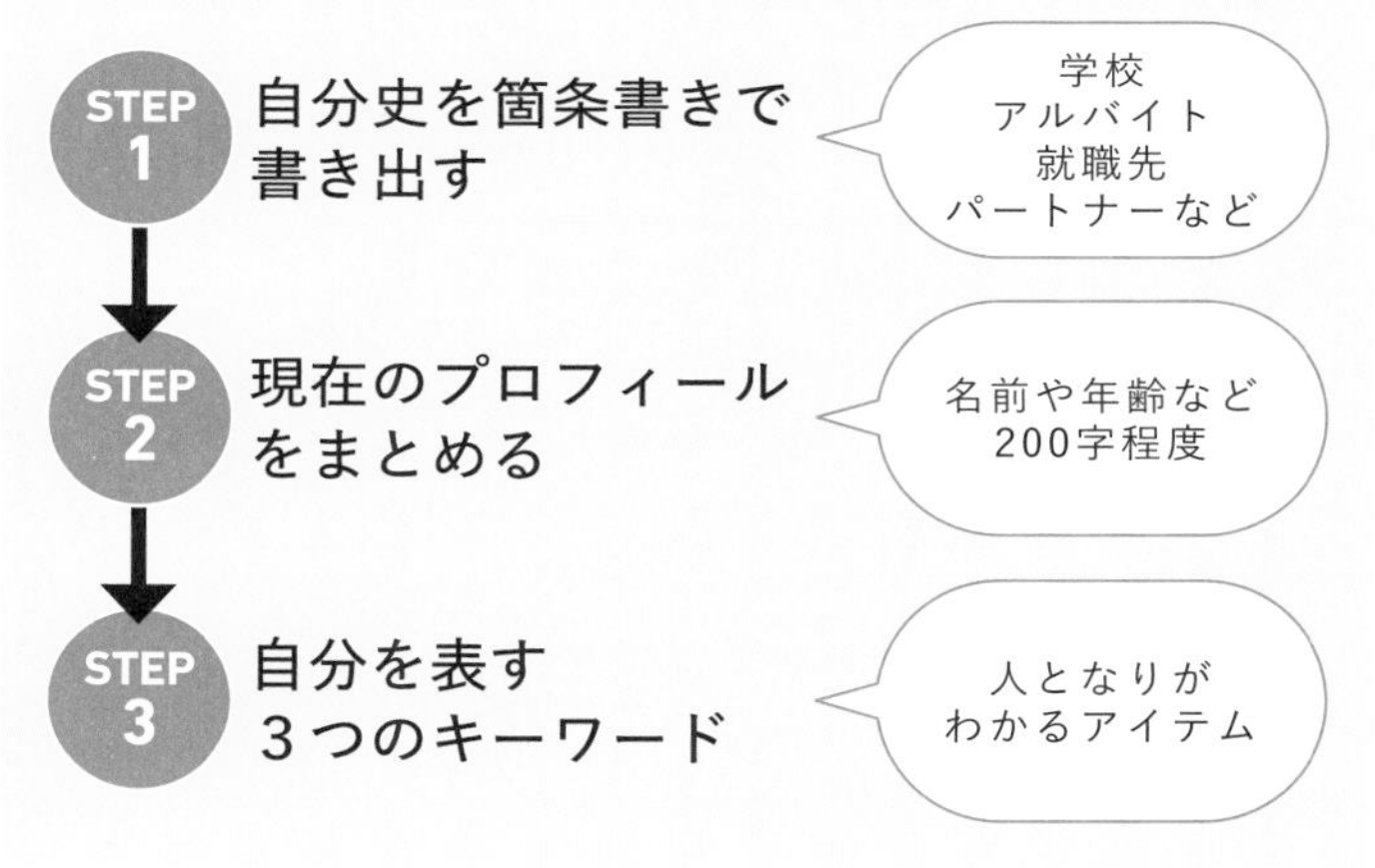
STEP 1
自分史を箇条書きで書き出す
学校
アルバイト
就職先
パートナーなど
STEP 2
現在のプロフィールをまとめる
名前や年齢など
200字程度
STEP 3
自分を表す3つのキーワード
人となりが
わかるアイテム

転職した先、子どもの誕生、今に至るまでにあった**特に印象に残っている出来事**をいくつか。

あまり長くなっても語りきれません。ノートの見開きに収まる範囲でまとめましょう。

ステップ②▼現在のプロフィールをまとめる

箇条書きにした自分史から、今のあなたを示すプロフィールをシンプルにまとめましょう。

名前、年齢、仕事、趣味、家族……。書籍に書かれている著者プロフィールなどを参考にして、２００字程度にまとめます。

ステップ③▼**自分を表す3つのキーワードを用意する**

3つのキーワードは、「あなたのストーリー」の根幹をなす部分です。

自分史、プロフィールから自分を形作っている趣味や興味、人となりがわかるアイテムなどを3つ選び、それぞれに**「どうして好きになったか」「どういう関わり方をしているのか」「なぜ、自分にとって大事なのか」**といったストーリーを用意しましょう。

私の場合、「本・猫・ワイン（料理）」です。

◯な会話例①

「僕は『本』が好きで、1日に10冊、20冊は平気で読んでしまいます。それは人生の目的が『知識の最大化』で、本をひたすら読むだけの生活をしていきたいとも考えているくらいだからです」

○な会話例②

「僕は『猫』が好きで、３匹飼っているんですよ。名前はぬこ様、みこ様、ぴこ様。溺愛しすぎて、その子たちのために本まで書いちゃいました。猫は神が創造した最高傑作だと思っています」

○な会話例③

「僕は元々『料理』が好きで、そこからワインに関心が広がり、今ではフランスのブルゴーニュにドメーヌ（ワイナリー）を購入するくらいまでになってしまいました。ワインを理解しようとすると、ブドウの品種といった生物学的な話にもなり、畑の土の影響を考えると地質学の話にもなり、気候も影響するので気象学の話にもなります。勉強することが多くて、僕にとってはそれがめちゃくちゃおもしろいんです」

こうして今の自分を形作っているキーワードを明確にしておくと、**話し相手も共通点や**

こちらへのツッコミどころを見つけやすくなり、お互いの自己開示がスムーズに進んでいきます。

また、一度「あなたのストーリー」を作れば、仕事や趣味、関心が変わったときにも微調整を加えるだけで長く使うことができます。**最初にかける一手間が、親しくなりたい人とあなたをつなぐ架け橋になる**のです。

私は自分が「場の空気を読むのが苦手だ」と自覚していたからこそ、事前準備を怠らないよう心がけていました。そうやって準備してから親しくなりたい人に会う経験を繰り返すうち、今では自然な流れで自己開示をし、相手の心を開かせることもできるようになったのです。

自分史とプロフィールをまとめておけば、自分を表すキーワードと、それに紐づくストーリーを準備するのにかかる時間は5分ほど。その時間を作るか、作らないかで結果は大きく変わってきます。

これから自己開示をする相手は初対面に近い人？ それとも知り合い？

深めの自己紹介の準備が整ったら、実際に親しくなりたい人に向けて自己開示を行っていくわけですが、相手が初対面に近い人か、仕事などを通じて以前から知り合いだった相手かによって、話し方を少し調整しましょう。

まず、初対面に近い人の場合は、「私は誰？」を解説するイメージで話していきます。

どんな子ども時代、学生時代を送ったのか、どうして今の仕事をしているのかなど、あなたの生い立ちを説明し、大事にしている価値観などに比重を置いて話していきましょう。

どういう流れで今のあなたが形作られていったのかがわかると、話し相手は親近感を持ってくれるようになります。

会話例としてはかなり偏っていますが、私が学生時代に学んでいたことに比重を置くと、こんな自己紹介になります。

○な会話例

「僕はメンタリストとして世の中に出ましたが、大学時代に学び、研究していたのは材料科学、マテリアルサイエンスでした」

（意外です）

「きっかけの1つが、アニメの『攻殻機動隊』で。そこに出てくる『電脳』を作ろうと思ったからです。僕は子どもの頃からやりたいことがいっぱいあって、100年生きたとしても、死ぬまでに全部は達成できないな、と。だったら電脳に自分を移しちゃって体を義体化（サイボーグ化）すれば……とSFなことを真剣に考えていたんです」

（電脳？）

「それで、電脳を作るには材料からだ！　と思って大学では素材系の研究室に入りました。今、研究が進んでいる人工知能は人間のように動く機械ですけれど、僕は『人間の心を入れる箱』を作りたかったんです」

（心を入れちゃう？）

「はじめまして」の自己紹介

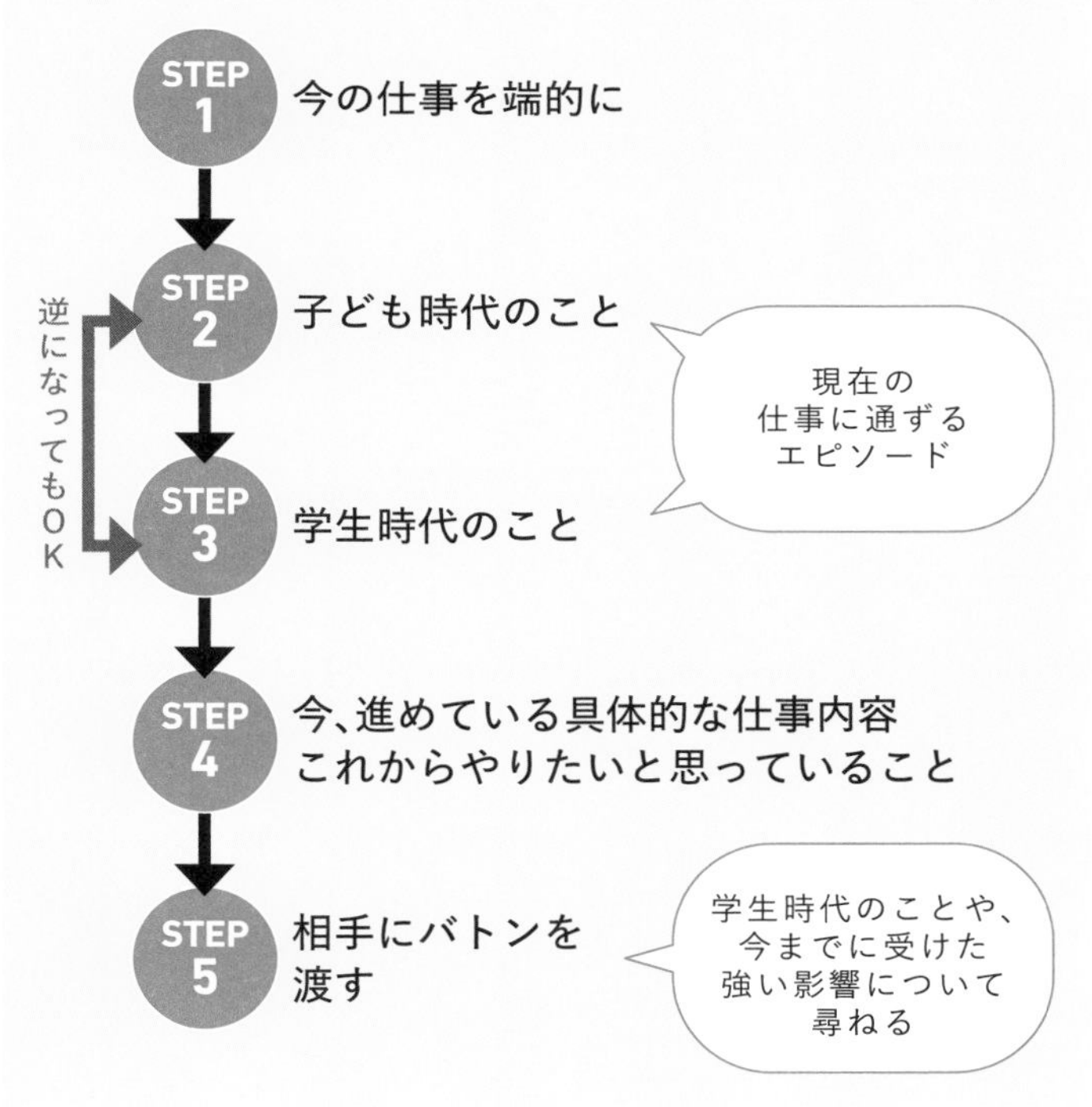

「僕は本を読み、たくさん新しい知識を手に入れることが好きなので、もし、電脳ができて死なないでずっといろんなことを知ることができたら、すごくいいなと思うんですよね」

（変わった人だな。でも、おもしろい）

このように「あなたのストーリー」を話すときは、どうしても自分が語る時間が長くなります。これは自己紹介という会話の特性上、仕方がないことです。だからこそ、できるだけ**話し相手が合いの手を入れられるような切れ目を作るよう意識しましょう。**

また、自分語りにエンジンがかかってしまい、独演会のようになると、親しくなるという目的が遠ざかってしまうので注意してください。

×な会話例

「僕はメンタリストとして世の中に出ましたが、大学時代に学び、研究していたのは材料科学、マテリアルサイエンスでした。扱っていたスピングラスという金属は、磁性体と非磁性体が混在しているんですね。

普通は磁石というのは上を向いているか下を向いているかの作用だけなので、0と1の値しか取れません。ところがスピングラスの場合、立体的な箱の中にマンガンの粒がいっぱい入っているような状態で、磁石がいろんな方向を向いているから無数の値を取れるんです。記憶容量が無限。これを『多値記憶』といいます」

話し相手が「どんな素材を研究していたんですか？」「スピングラスって何ですか？」と質問してきたなら、「あり」な内容ですが、自己紹介としては明らかにズレています。**好きなことを深く語るのも自己開示ですが、相手を置き去りにしては意味がありません。**

第1章で紹介した「対面会話のための3つのルール」を思い出して、自己紹介しながら会話のバトンを渡すように心がけましょう。

たとえば、自分のエピソードのあとに「私の『攻殻機動隊』ではないですが、人生の選択に強い影響を与えた作品はありますか？」「大学時代、どんな勉強をしていましたか？」といった質問を加えれば、自己開示のバトンを相手に渡すことができます。

親しい存在へと進むために欠かせない弱さのストーリー

仕事などを通じて以前から知り合いだった相手と距離を縮め、親交を深めたいときにも深めの自己紹介が欠かせません。

ただ、これまでのつきあいの中で、お互いに名前や年齢、仕事の内容の情報は共有しているはずです。そこで、この場合の深い自己紹介では**準備した「あなたのストーリー」をベースに「私がなぜここにいるのか」を軸に展開**していきましょう。

なぜなら、その場の話し相手である知り合いは、「仕事を通じて出会ったこの人と仲よくなる必要があるのか」「この人の話すことが、自分とどう関係があるのか」「この人は何か計算があって、利用しようとして近づいてきているのではないか」など、警戒心に近いさまざまな疑問を抱えているからです。

その疑問に答えるのが、「私がなぜここにいるのか」を軸にした「あなたのストーリー」。**専門知識があること、経験があること、あなたの役に立てること。だから、私は今ここにいて、あなたと話しています、といったメッセージを伝えることで、話し相手の信頼を得ることができます。**

また、しっかりと自己開示することで、「この人は仕事に対して自分と同じような考え方を持っているんだな」「好きな作品が似ているから、プライベートでも仲のよい友達になれるかも」「裏表なく、私に役立つ情報をシェアしようとしてくれているんだ」と、**相手の警戒心を解くことができる**のです。

深い自己紹介

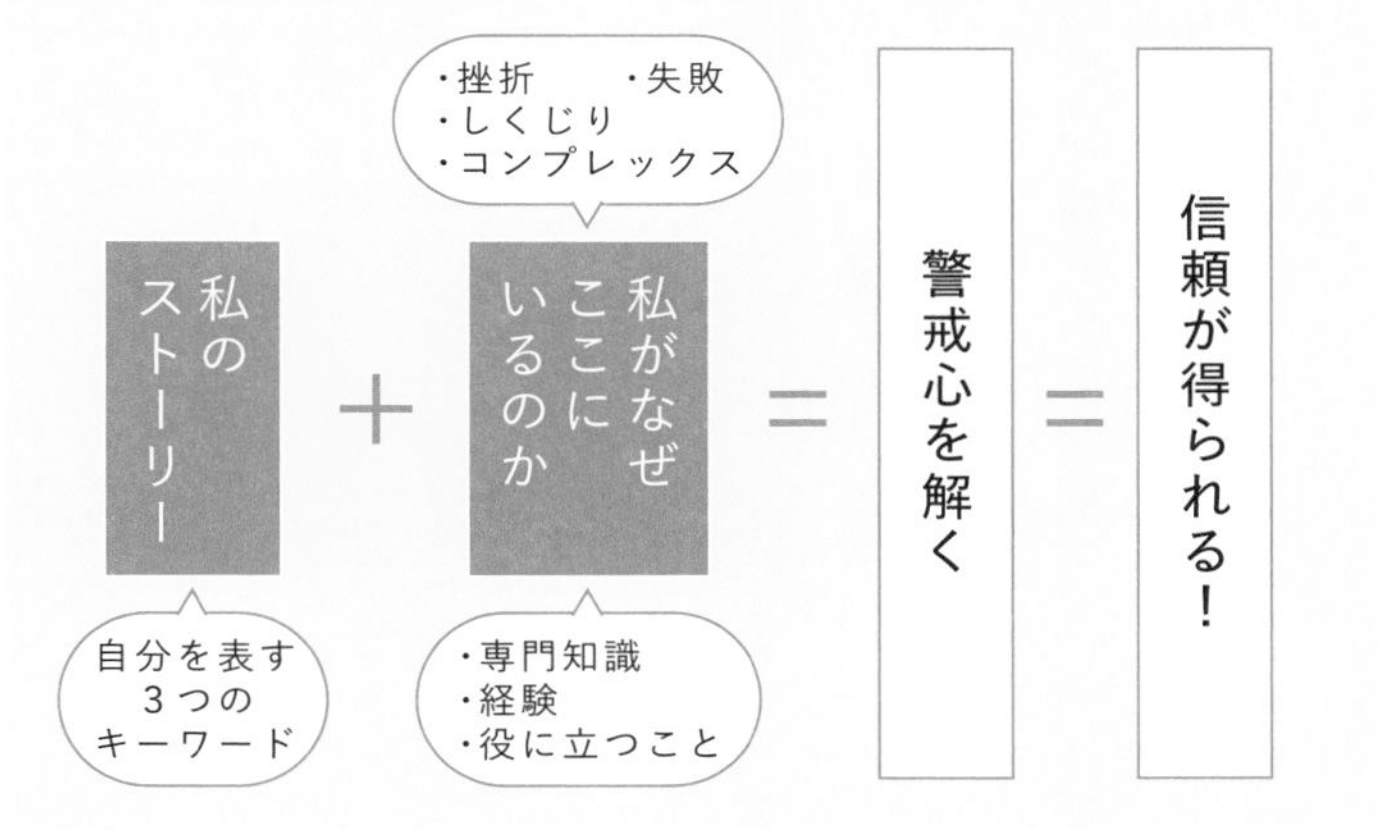

たとえば、私はこれから一緒に仕事をしていきたいと思っている人、私の動画に興味を持ってくれている人には、物事への取り組み方の価値観を軸に据え、「私がなぜここにいるのか」を自己紹介しています。

○な会話例

「私が一般的な研究者やビジネスをなさっている方と一番違うのは、『できるかどうか』をあまり考えないことです。好奇心を持ってやりたいことが決まったら、あとは『どうやったらできるか』だけを考え続けていきます。

そう話すと、多くの人から『できない可能

性は考えませんか？』と聞かれますが、『極端な話、やりたいことをできなかったら、生きている意味がなくなっちゃいますから』と答えています。

これは嘘偽りのない本心で、自分の夢が実現しない世界に生き残る意味はありますか？と。そのかわり、どの方法が最も可能性が高いか、入念にテストをし、数字を見て、理詰めでできる方法を作り上げていきます。

だから、きっとあなたの悩みの答えになるお話ができるはずです」

このほか、**あなたの経験した挫折や失敗、しくじり、抱えているコンプレックスを自己開示するのも「私がなぜここにいるのか」を伝えるいい方法**です。

年齢や立場に関係なく、人はいろいろなことで悩み、くじけ、落ち込みます。成功し続ける人生を歩んでいる人は、ほとんどいません。

ですから、あなたが経験した挫折や失敗、しくじり、抱えているコンプレックスを語り、それがいかに今の自分の糧になっているかを語ることは、話し相手の共感を引き出します。

○な会話例①

「じつは、プレゼンが苦手で大事な取引先を前に、3分間黙り込んでしまったことがあるんだよね。それからプレゼンの方法を勉強し始めて、今も緊張するけど、うまくできるようになった。もし、悩んでいるなら、コツを伝えることはできるよ」

○な会話例②

「やりたいことがうまくいかなくて挫折したとき、先輩はどう立て直していますか？　特別な方法はありますか？　僕は落ち込んでしまって、何もやる気が出なくなっちゃうんですが……」

◯な会話例③

「しくじりを武器に変えるには、前後の状況も含めて、ノートに書き出してみるといいですよ。なぜ、あの場でしくじったのかを客観視すると、次のしくじりを防げるだけじゃなく、どうすればよかったのかも明確になります」

◯な会話例④

「僕は身長が低いことがコンプレックスで、いい大人なのに今も3ヶ月に1回くらい『伸びてないかな』と測り続けています。それも朝、起きてすぐに。夜になると、頭の重さで縮んじゃうらしいんですよ。コンプレックスとのつきあい方って、ホントに難しいですよね」

準備した「あなたのストーリー」にプラスして、こうした失敗談を加えることでスムーズに話し相手からの深い自己紹介を引き出す流れに入っていくことができます。

あなたの弱さを見せることで、相手も自分の弱さを打ち明けやすくなります。つまり、自己開示が進み、お互いの秘密を共有したような感覚が芽生えるのです。

POINT

自己紹介を作るポイントは「自分史を箇条書きに」「プロフィールを200字で」「3つのキーワード」。失敗談を加えると、もっと深い関係になれる。

◀関係を一歩深めるための7つの会話スターター

相手が自然と自己開示し始める話し方

続いて、あなたが深めの自己紹介をしながら、話し相手からの自然な自己開示を引き出す方法を紹介します。

必要なのは、きっかけとなる質問です。

そこで役立つのが、「会話スターター」。第1章では雑談を盛り上げるという視点での会話スターターを紹介しましたが、じつはあの研究には続きがあり、「関係を深めるための会話スターター」も明らかになっています。

準備した「あなたのストーリー」にプラスして、これから解説する7つの会話スターターを会話に盛り込むことで、お互いの自己開示をさらに深めていくことができます。

関係を深めるための会話スターター①▼自分と一番似ているキャラクターは？

○な質問例

「ドラマや映画、アニメの中で自分に一番似ているキャラクターを選ばなければならないとしたら、誰を選びますか？　それを選んだのは、なぜですか？」

自分と似ていると感じるキャラクターには、本人の性格や憧れが反映されています。ですから、相手の答えに対して「どうしてそう思うんですか？」と掘り下げていくことで、キャラクターについて語りながら、それが本人の自己紹介にもなっていくのです。

私は、この会話スターターをこんなふうに使っています。

○な質問例

「映画、ドラマ、アニメでもいいですが、どのキャラクターに似ていると言われたらうれしいですか？」

関係を深める7つの会話スターター

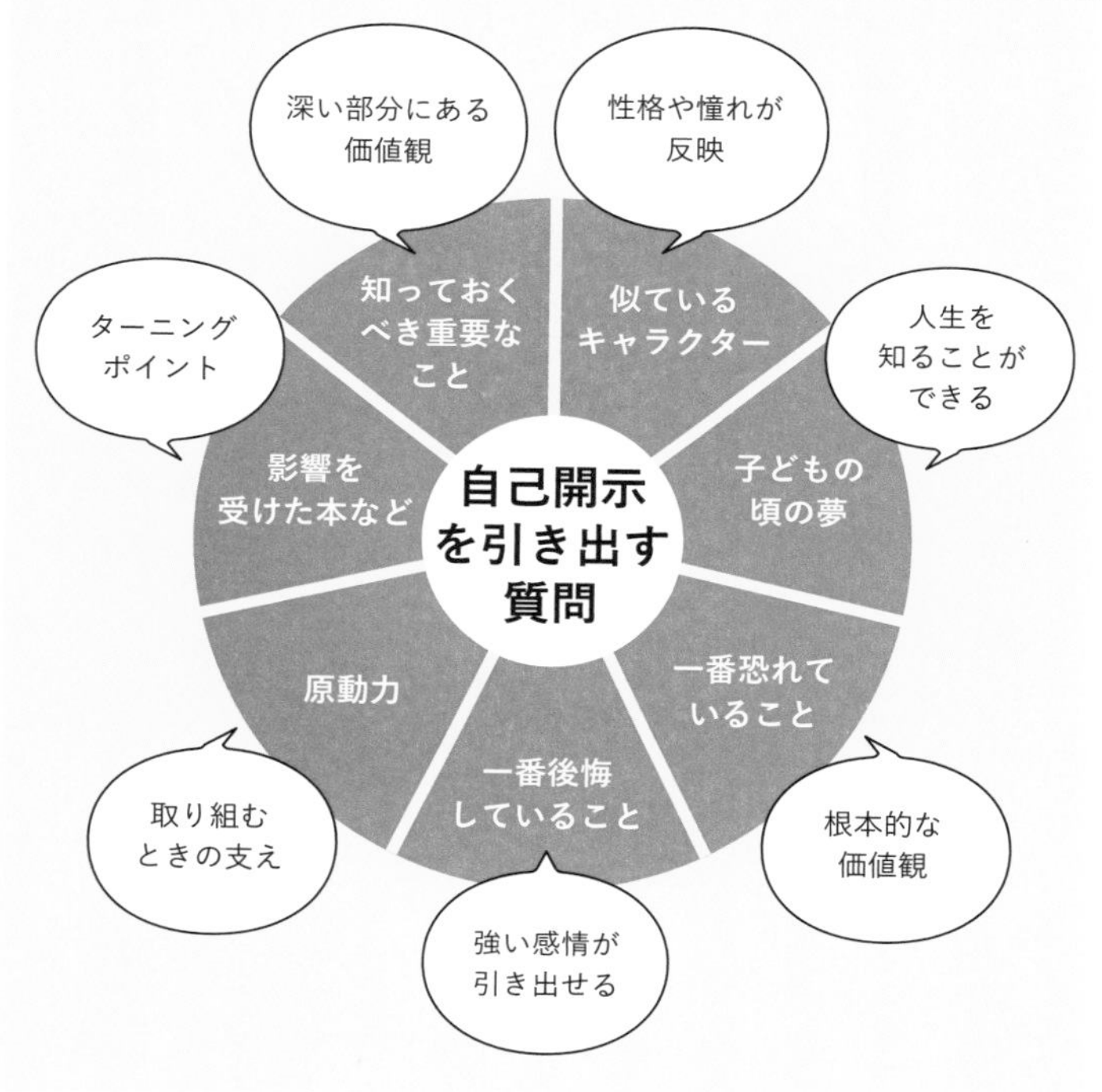
自己開示を引き出す質問
知っておくべき重要なこと
深い部分にある価値観
似ているキャラクター
性格や憧れが反映
子どもの頃の夢
人生を知ることができる
一番恐れていること
根本的な価値観
一番後悔していること
強い感情が引き出せる
原動力
取り組むときの支え
影響を受けた本など
ターニングポイント

不思議なもので、芸能人や著名人ではなく、フィクションのキャラクターに絞ることで外見よりも中身を問うニュアンスが強くなります。つまり、相手が憧れている性格、こんなふうに振る舞いたいと望んでいる姿が浮き彫りになるのです。

ちなみに、相手が照れてしまって言い

出せないようなら、自分から「○○に似ていると思っているんだけど」「僕は○○に似ていると言われたらうれしいな」と個性の強い極端なキャラクターを例に挙げましょう。

場を和ませつつ、相手から「そういえば、○○ってキャラっぽいねって言われることがありますす」「自分で選ぶなら、おっちょこちょいなんだけど、キメるところではキメる○○かな」「私は芯が強い人間になりたいから、○○の主人公みたいな決断力のあるキャラに似ていると言われたらうれしいかも」といった答えを引き出すことができます。

関係を深めるための会話スターター②▼子どもの頃の夢は何でしたか？

○な会話例

あなた「子どもの頃の夢は何でしたか？」

相　手「プロ野球選手でした。叶いませんでしたけど……」

あなた「何歳くらいまでその夢を追いかけていましたか？」

相　手「高校2年までですね。野球部だったんですけど、一度、地域の選抜チームに呼ばれたことがあって、そこにその後プロになる○○がいて『これがプロになるヤツの投げるボールか！』と思ってしまって」

あなた　「真剣に打ち込んだ経験は、今に生きていますか？」

相　手　「そうですね。高校を出たあと、スポーツビジネスを学べる学校に進んで、今も野球に関係する仕事をしていますから」

どんな夢だったのか。その夢は成長に従ってどう変化したのか。実現できたのか、できなかったのか。その過程にどんなドラマがあったのか。今の生き方にどんな影響を与えているのか……。

子どもの頃の夢を聞き、その後の推移を追うことで、自然な流れのまま話し相手の人生を一通り知ることができます。さらに、「今後に向けた夢や目標は？」と付け加えれば、この先の考えについても引き出せるのです。

私たちが相手と深い話をしたいのになかなかできないと躊躇《ちゅうちょ》してしまうのは、切り口がわからないから。その点、**子どもの頃の夢を聞く会話スターターは入口が明確な上、時系列に沿って話を聞くことができるので、非常に使いやすい方法**です。

ちなみに、私の子どもの頃の夢は宇宙飛行士でした。

その後、化学者になりたいと思うようになったのは、大好きだった母親が薬剤師をしていた影響です。そのまま理系に進み、物理学にも興味を持ち、電脳（人工知能）を作りたいと思うようになり、大学ではマテリアルサイエンスを研究。でも、そこからどうしてメンタリストに？　と、芋づる式にストーリーが続いていきます。

しかも、自分の人生の話ですから、話す側もするすると語ることができます。「子どもの頃の夢は？」は聞きやすく、話しやすい自己開示のきっかけとなる質問です。

関係を深めるための会話スターター③▼**あなたが一番恐れていることは何ですか？**

○な会話例

あなた「あなたが一番怖いと思っていることは何ですか？　ちなみに、僕は飛行機に乗ることです」

相　手「飛行機ですか。そういう意味でいうと、私は狭い場所が苦手です」

あなた「僕は乗った飛行機が乱気流に巻き込まれて、ドスンと揺れたことがあって。それ以来、怖くて。狭い場所が苦手になったのは、何がきっかけですか?」

相　手「じつは学生時代、貧乏していて、日払いに惹かれて建築現場でアルバイトをしたんですね。そしたら、作業中、天井裏に閉じ込められたんですよ」

物理的なものが怖いのか、おばけや心霊現象といったオカルトを恐れているのか。一見、雑談のような会話スターターですが、**問いかけの返答には相手の根本的な価値観を知るヒントがあります。**

関係を深めるための会話スターター④▼**一番後悔していることは何ですか?**

○な会話例

あなた「過去に戻ってやり直したいことはありますか?」

相　手「あー、いろいろありますけれど、できれば就活前に戻りたいですね」

あなた「どうしてですか?」

相　手「周りの流れに乗って動いてしまったので、できるなら『もっと自分と向き合いな！』とアドバイスしたいです」

「人生で一番後悔していることは何ですか？」はかなり重たい聞き方なので、会話例くらいの入り方がいいでしょう。

ネガティブな問いかけですが、この会話スターターは**「後悔している出来事」と「どういう後悔の念があるかの感情」を引き出すことができます。**何度か説明してきたように、話し相手の強い感情を引き出し、そのエピソードを聞くことは、相手との親密度を高めるのに非常に効果的です。

関係を深めるための会話スターター⑤▼**あなたを動かす一番の原動力は？**

○な質問例

あなた「僕はやる気が出なくなると復活するのに時間がかかるんですが、〇〇さんは何が一番モチベーションを上げる原動力になっていますか？」

家族、仲間、報酬、名誉、達成感など、答えは人によってさまざまだと思いますが、そこには**物事に取り組むときの支えになっているものが示されます。**

関係を深めるための会話スターター⑥▼**最も影響を受けた本、映画は？**

○な会話例

あなた「強く影響を受けた本や映画ってありますか？」
相　手「山や森、砂漠や海で働く人たちのことを扱ったルポルタージュかな」
あなた「いつ頃、読んだんですか？」
相　手「学生時代ですね。16歳か、17歳か、そのあたり。ちょうど進路のことをぼんやり悩んでいて、世の中には自然を相手にしたいろんな仕事があるんだなって。仕事＝スーツ姿のサラリーマンのイメージだったのが、一気に視野を広げてくれた本です」

「最も影響を受けた本、映画は？」を聞くときのポイントは、作品にふれた状況を掘り下

げること。なぜなら、そこに**話し相手の感情の揺れがある**からです。

強く記憶に残り、影響を受けたということは、大小はあっても人生のターニングポイントに関わった作品だということ。

「どんなときに、その本を読んだのですか？」「今も読み返すことはありますか？」と質問すると、「自分は昔、こういう苦しいことがあって、人生のどん底だったときにこの本を読んで助けられたんだ」というふうに、当時の心境や置かれていた環境など、相手の深い話を聞き出すことができます。

関係を深めるための会話スターター⑦▼**あなたについて知っておくべき重要なことは？**

〇な会話例

あなた「たとえば、お見合いで結婚することになったとして、一緒に暮らし始めるパートナーに、自分について一番知っておいてもらいたいことってありますか？」

相　手「何だろう……、何日かに1回は自分ひとりで過ごす時間が必要なことかな。たとえば、子どもができても何時間かでいいから、ひとりで考える時間がほしい。

「それは一緒にいたくないってことじゃなくて、睡眠時間と同じように欠かせないものなんですよね」

あなたと話し相手の関係性にもよりますが、ストレートに「あなたについて知っておくべき重要なことは？」と聞いて、不自然ではない場面は少ないと思います。

そこで、この会話スターターを使うときは会話例のような話にしていきましょう。

「転職するとして、新しい職場の仲間に知っておいてもらいたいあなたの仕事のやり方はありますか？」とか、「あうんの呼吸でわかり合える親友だからこそ、尊重してくれるあなたの特徴は何ですか？」とか、**仮定の話にすることで相手の深い部分にある価値観を聞き出すことができます。**

これはすごいことだと思いませんか？

普通なら長いつきあいを積み重ねないと知り得ないような内容を、たとえ話の形で深掘りし、引き出してしまえるのです。

たとえば、気になる異性と出会ったとき、相手がパートナーに求める最も重要なポイントを知ることができれば、その後のアプローチの仕方も変わってきますよね？
そういった本当に重要な場面で、この会話スターターを使ってみてください。

○な会話例

あなた「今から何年後かわからないけれど、誰かと結婚するとするでしょう？」
相　手「うん」
あなた「一生添い遂げられるような素晴らしい人と出会って結婚するとき、一番自分のことで知っておいてほしいこと、わかってもらいたい価値観を1つ選ぶとしたら、何？」

心理テストで盛り上がるような雰囲気でしれっと聞くことができて、しかも相手もさらっと答えてくれます。なぜなら、人には「自分のことを相手にわかってもらいたい」という欲求があるからです。
本質的な欲求に紐づいた質問なので、こんな場面でも効果を発揮してくれます。

◯な会話例

あなた「仮定の話なんですけれど、部長が独立して事業を始めるとするじゃないですか」
相　手「うん」
あなた「そのとき、優秀な若手が立ち上げに参加してくれることになったとして、若い人に大事にしろと伝えたいことを１つ挙げるとしたら、何ですか？」

しれっと深掘りできる魔法のような会話スターターです。
深い自己紹介を通じて、お互いの情報を知れば知るほど親近感を抱くようになります。
そのための近道となるのが、関係を深めるための７つの会話スターターです。

多くを語りつつ、よい聞き手を意識する

最後に、親しくなりたい人に対して自己開示していくとき、意識しておきたい３つの注意点を紹介します。

１つ目は、**先に自分のエピソードを明かす**こと。先にいくつも質問を投げかけると、相手に警戒心を持たれてしまいます。しかし、先にあなたが「あなたのストーリー」を明かすことで、「返報性の原理」が働き、相手も打ち明け話をしてくれる確率が高まるのです。

２つ目は、**最初に打ち明ける自己開示のテーマ**についてです。これは**あなたが話したいことを選ぶのではなく、あなたが相手の何を知りたいかに合わせて選びましょう。**

会話スターターに当てはめると、相手の価値観を知りたいのであれば、「あなたについて知っておくべき重要なことは？」や「一番後悔していることは何ですか？」に関連する話を。

これまでのライフストーリーを知りたいのであれば、「子どもの頃の夢は何でしたか？」や「最も影響を受けた本、映画、小説は？」を。性格面を掘り下げたいのなら、「自分と一番似ているキャラクターは？」や「あなたが一番恐れていることは何ですか？」に関連した話をしていくといいでしょう。

３つ目は、**先に自分のエピソードを明かすものの、会話全体であなたが話す割合は２～**

自己開示をするときの３つの注意点

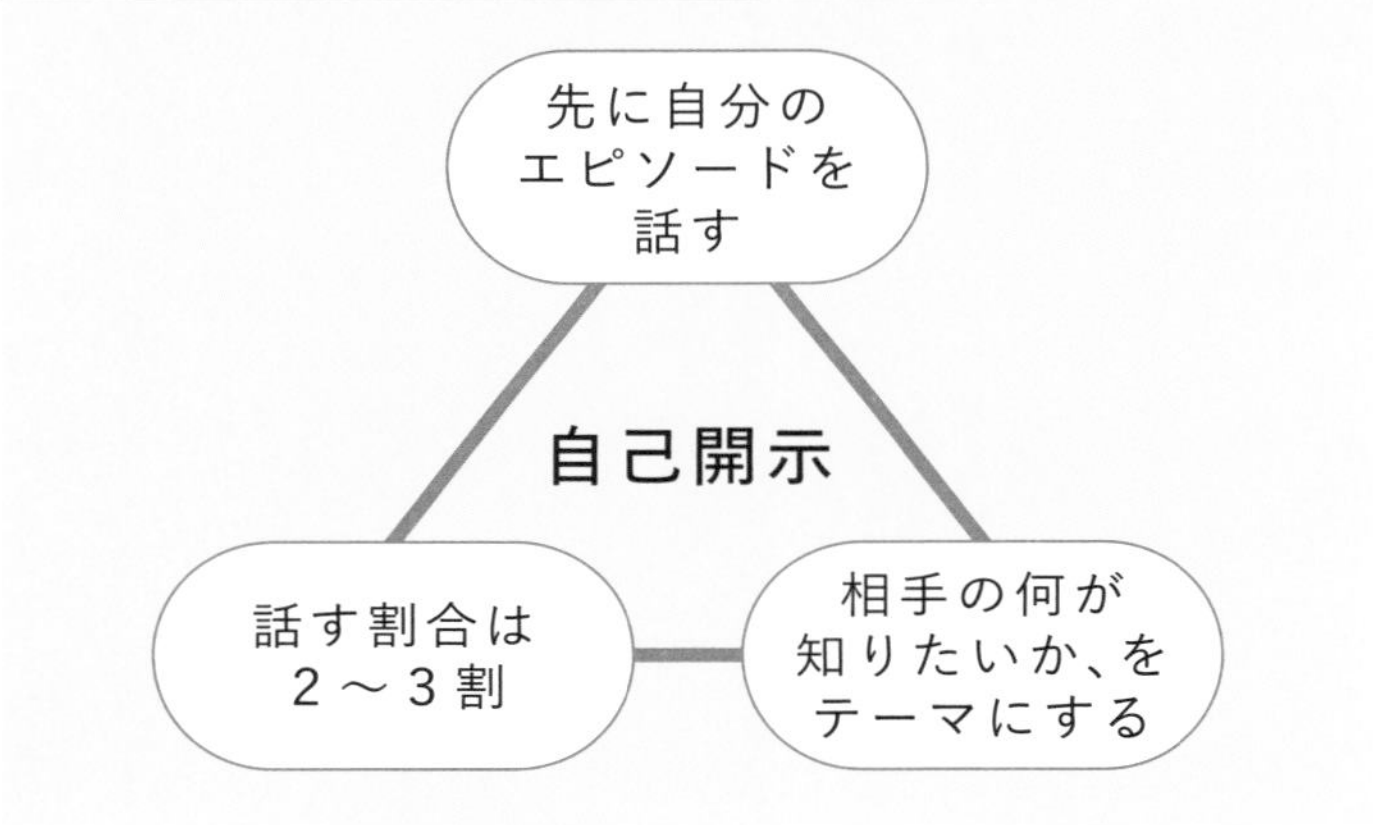
先に自分の
エピソードを
話す
自己開示
話す割合は
２～３割
相手の何が
知りたいか、を
テーマにする

3割程度に抑えることです。

第1章でもふれた通り、私たちの脳は、誰かに自分の話を聞いてもらうことで金銭的な報酬を得たとき、おいしい食事をしたときと同程度の満足感を得ます。特にプライベートな内容を打ち明けることで、その回路は強く働きます。

つまり、**相手にたくさん話してもらえばもらうほど、あなたは相手にとって心を許せる大事な存在となる**のです。

親しくなりたいと思う相手から好意と信頼を獲得するために、心地よい聞き手になることを意識しましょう。

POINT

!

「自分のストーリー」に7つの会話スターターを盛り込むと、お互いの自己開示をさらに深めることができる。
相手の信頼を得るために、よい聞き手になることも意識しよう。

第4章

会話に悩む人、会話がうまく回らない人が話せるようになる技術

◀話し下手、聞き下手に潜む無自覚のクセ

うまく話せない人が抱える3つの弱点

「自分ではそれなりにうまく話しているつもりが、どうも人間関係が広がらない」
「職場やコミュニティで浮いている気がする」
「しばらくすると、話し相手が退屈そうな顔をし始める」
「話すこと自体にコンプレックスがある」
「グループ内での会話の主導権を握れない」

そんな悩みがあり、序章から直接、第4章を開いた人、第1章、第2章、第3章で紹介した話し方を実践してみたものの、いまひとつ成果が上がらなかった人には共通する弱点

があります。

それは、「聞き下手」「不安」「発声の知識不足」です。

この3つの弱点はすべて必要な知識を学び、対処法を施せば克服することができます。


「聞き下手」→「傾聴」

「不安」→「インナースピーチ観察」

「発声」→「アフェクト・ボーカライゼーション」


それも、弱点を強みに変えるほどの努力は必要ありません。

前章までを読み、雑談力、ストーリーテリング、親しくなるための話し方を学んだ人は、「聞き下手」「不安」「発声の知識不足」の弱点を平均的なレベルに引き上げるだけで、かなりの話し手になれるからです。

さっそくそれぞれの弱点対処法を解説していきます。

聞き下手な人の残念な会話パターン

「自分ではそれなりにうまく話しているつもりが、どうも人間関係が広がらない」
「職場やコミュニティで浮いている気がする」
「しばらくすると、話し相手が退屈そうな顔をし始める」
こうした悩みの原因は、あなたの話し方ではなく話の聞き方にあります。

第1章で「雑談に、持って生まれた明るさや社交性の高さ、滑舌のいいしゃべりのうまさは必要ありません。大事なのは、相手の感情を引き出し、丁寧に聞くこと。それが最も効果的に相手の心を惹きつける方法です」と書いた通り、**よい聞き手は話し相手の自尊心と承認欲求を満たします。**

それが好印象につながり、相手もあなたの話に耳を傾け、内容を理解しようとしてくれるのです。

話す力が重要に思えるプレゼンテーションの場合も、結局はクライアントの求めている

基本の「聞く力」

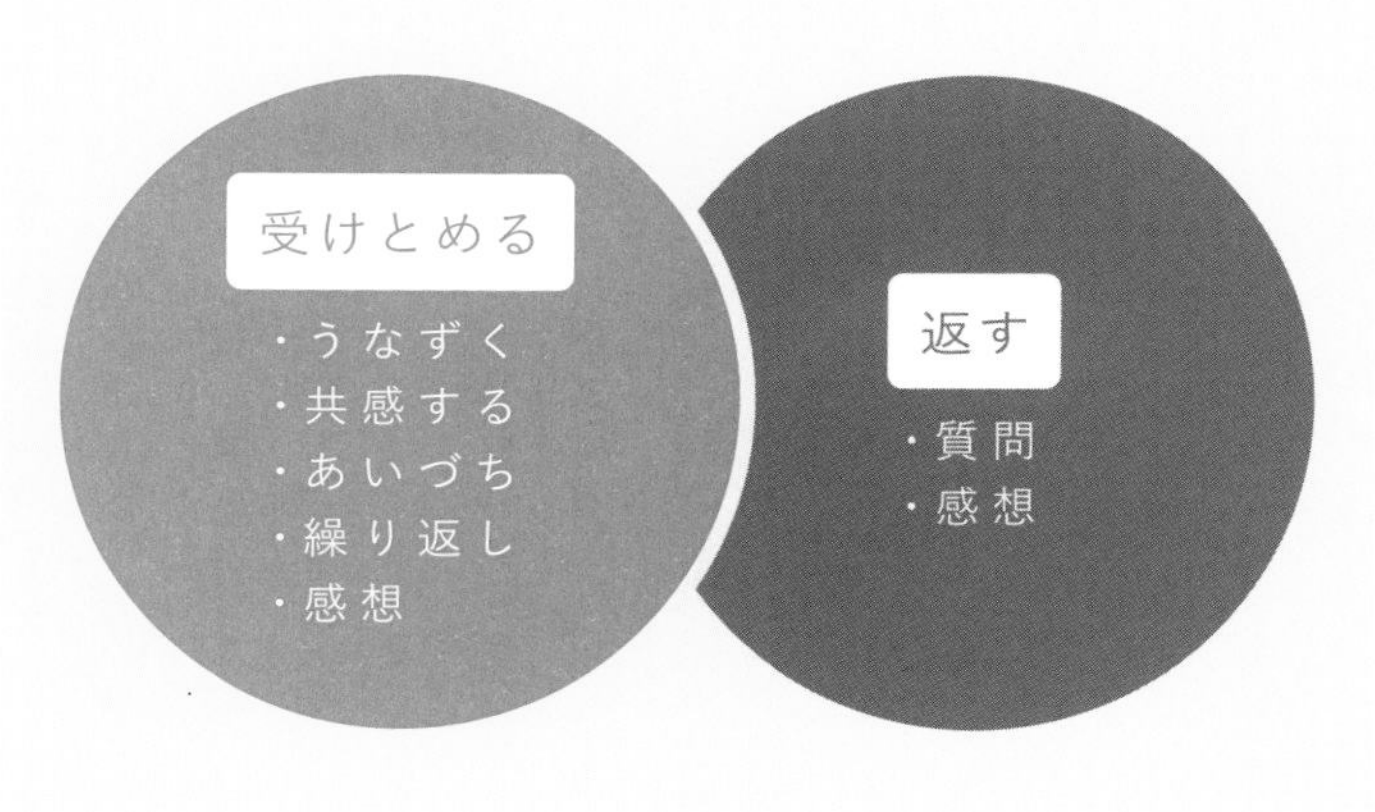
受けとめる
・うなずく
・共感する
・あいづち
・繰り返し
・感想
返す
・質問
・感想

答えを事前にどれだけ聞き取れているかが、成否を分けるポイントになります。

聞くから、聞いてもらえる。これはどんなシチュエーションの会話においても不変の成功法則です。

ところが、聞き下手であることに無自覚な人は、会話の最中に次のようなミスをしてしまいがちです。

残念な会話パターン

①空想：相手が話している話題と無関係なことを考える

②議論：相手の言っていることに対して、心の中だけで反論する

③判断：ネガティブ思考に影響されたまま、

相手の意見を判断する
④問題解決：求められてもいないのに、アドバイスをしようとする
⑤偽傾聴：本当は聞いていないのに、あいづちだけは打つ
⑥リハーサル：次に話したいことを考えてしまう
⑦独占：自分の目標達成のために、会話の流れを変えてしまう
⑧不意打ち：会話の相手に対抗するために情報を集める
⑨選択的傾聴：自分が興味のある内容にだけ反応する
⑩防衛的傾聴：相手の話がこちらへの批判だと考えながら聞く

この10項目は、アメリカのヴァージニア州にある人材育成や組織開発に関する世界最大級の会員制組織「全米人材開発機構（American Society for Training & Development）」が調査し、まとめた、聞き下手な人がやっている会話パターンです。

これから1項目ずつ簡単に解説していきます。読み進めながら、自分にも当てはまるところがないかチェックしていきましょう。

POINT

！

自分の話がいまいち相手に響かない……。
その原因は「聞き下手」「不安」「発声」に。
対処法を学んで改善しよう。

自分の行動パターンを把握すれば、聞く力が上がり、人間関係が改善する

雑な聞き方は相手に伝わる

弱点の対処法を身につける上で大切なのは、無自覚でやってしまっていることを「問題かも」「ヤバいかも」と自覚することです。

ちなみに、「選択的傾聴」や「防衛的傾聴」という項目の「傾聴」とは、話し相手の話をそのまま受け止め、耳を傾けることです。聞き下手な人は傾聴が苦手なので、ついつい別のことを考えながら相手の話を聞き流したり、無関係な質問をしてしまったりして、反感を買ってしまいます。

一方、会話の方法やコミュニケーションに関する本を読んだり、研修を受けたりしたこ

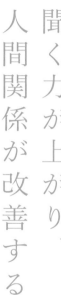

とのある人にとって、「傾聴が大事」は常識かもしれません。ただ、そんな人でも聞き下手な人が無自覚なうちにやっている残念な会話パターンを把握しておくことで、自分の話し方、聞き方が雑になっていないかをセルフチェックできるようになります。

データに裏づけされた残念な会話パターンを知り、**「自分はどうか?」と定期的にモニタリングしていきましょう。**

残念な会話パターン①▼空想:相手が話している話題と無関係なことを考える

「空想」は、話し相手の話を聞いているようで、じつはまったく別のことを考えているパターンです。

あなたは「いやいや、目の前にいる人の話を聞き流して、別のことを考えるなんて失礼なことはしませんよ……」と思ったかもしれません。でも、長話を続ける上司の前で頷《うなず》きつつも、「今日のランチどうしようかな?」「そういえば、出がけに夫から何か頼まれた気がするけど……」などと考えを巡らせたことはありませんか?

また、話している相手の表情や声色に反応して「あれ? 先輩、機嫌悪いのかな? 例の件で怒っているのかも?」「こいつの口調、ホントに軽いよな。中身もぺらっぺらなんだろうな。まだ取引先の人でよかったよ。同僚だったら、マジで耐えられない」など、空想モードに入ってしまうこともあります。

いずれにしろ、会話は基本的にキャッチボールですから、**話し相手には上の空になっているあなたのことが伝わってしまいます。**会話の内容に注目するのではなく、それを受けて自分の頭の中で生まれた感情に左右され、空想モードに入っていることがないかチェックしましょう。

残念な会話パターン②▼**議論：相手の言っていることに対して、心の中だけで反論する**

「議論」は私もやりがちなので、定期的にセルフチェックしている会話パターンです。

✕な会話例①

相　手「このお店のランチ、大好きなんですよ」
あなた「そうなんだ」（カフェランチって、おなかがいっぱいにならないんだよな）
相　手「見た目もかわいいし」

残念な聞き方のパターンと対処法

パターン	対処法
❶ 空想	→ 会話に集中する
❷ 議論	→ 反論せずにスルー
❸ 判断	→ 自分がイライラしている理由を把握する
❹ 問題解決	→ 求められていないときは、アドバイスをしない
❺ 偽傾聴	→ 会話に集中する
❻ リハーサル	→ 相手の話を最後まで聞く
❼ 独占	→ 相手の話を最後まで聞く
❽ 不意打ち	→ 日常会話では行わない
❾ 選択的傾聴	→ 相手目線で話を聞く
❿ 防衛的傾聴	→ インナースピーチ観察を行う

あなた「そっかー」（見た目とか、どうでもよくない？）

相手「……」

✕な会話例②

相手「結局、訪問件数が営業成績に反映されるんだよ。足で稼げ」

あなた「……はい」（昭和か。疲れるな）

相手の話を聞きながら、心の中で反論を繰り出し、しかし、それは言葉にして出さない。本音を言わず、相手に合わせる大人な対応のようにも思えますが、会話のやりとりとしては空想モードと同じ状態になっていきます。

反論するのに忙しく、おざなりな返しになってしまい、話し相手があなたに対して持つ印象は悪化していきます。

相手の話が「違うな」と思ったときは、「この人は自分と違う考え方をしているんだな」「この人は科学的ではない物事の捉え方をするんだ」と思うに止め、反論せずにスルーしていきましょう。

残念な会話パターン③▼判断：ネガティブ思考に影響されたまま、相手の意見を判断する

「判断」は、自分がネガティブな思考になっていることで相手の話を素直に受け止められない会話パターンです。

たとえば、「朝、家を出る前に家族と意見が食い違いイライラしている」「大ファンだった芸能人の突然の訃報を知り、落ち込んでいる」「2週間かけて用意した企画書が、取引先の上長の気分でボツになった」など、とにかく内面で嵐が起きているときは、うまく人の話が聞けなくなります。

これは誰にでも起きる残念な会話パターンですが、うまく対処できている人は**「このイライラはあれが原因だな」と客観視して、話し相手のせいではないと気持ちを落ち着ける**

ことができます。

ところが、無自覚なまま「判断」をしている場合、飲食店の店員さんにキツく当たってしまったり、外注先のスタッフに嫌味を言ったり、自分よりも弱い立場の相手に八つ当たりすることも。当然、その姿は周囲の親しい人に見られますから、本人の評判は下がってしまいます。

話し相手が家族や友人など親しい間柄なら、「何をイライラしているの？」と客観視のきっかけとなる言葉を投げかけてくれることもありますが、基本的には自分で「どうしてこんなにイライラしているんだろう？」と問いかけるクセをつけていきましょう。

残念な会話パターン④▼問題解決：求められてもいないのに、アドバイスをしようとする

- 頼まれてもいないのにアドバイスしてしまう
- 男性は特に女性に対してしてしまいがち（男性は胸に刻み込む）
- 求められたときはしてもよい

「問題解決」は、相手に求められていないのにアドバイスをし始める会話パターンです。

✕な会話例①

相　手「最近、花粉がひどいですね」

あなた「でも、来週は少ないみたいですよ。天気予報で見ました」

相　手「……そうなんですか。今年は鼻水だけじゃなくて目もかゆくて」

あなた「家に帰ったら目の洗浄していますか？　帰宅直後のアフターケアが大事ですよ」

✕な会話例②

相　手「異動してきた○○課長、細かいことをグジグジ言ってイラつくんだけど」

あなた「そうかな。あれくらい許容範囲でしょう」

相　手「だってさ、今朝も資料の綴じ方が悪いって、これみよがしに自分で直し始めて」

あなた「我慢、我慢。陰口を言っていても、あなたが評判を落とすだけだよ」

話し相手は雑談をスムーズに運びたかったり、愚痴を聞いてもらいたかったりするだけなのに、求められてもいないアドバイスをしてしまうことはありませんか？

これは男性が年下の女性相手によくやってしまう残念な会話パターンなので、胸に刻んでおきましょう。**勝手なアドバイスは、話し相手をモヤっとさせるだけです。**

もちろん、相手が相談に来て、助けを求められているときは、持てる知識と経験を総動員して親身にアドバイスしましょう。

残念な会話パターン⑤▼偽傾聴：本当は聞いていないのに、あいづちだけは打つ

「偽傾聴」は、聞いているふりです。

✕な会話例

相　手「今日、友達の○○ちゃんが、連休中に台湾に旅行へ行った話を聞かせてくれてさ」

あなた「ふんふん」

不愉快なあいづち

はい、はい、はい
「はい」を繰り返す
なるほどねぇ
たしかに
何に対しても
「なるほど」「たしかに」
へぇ
相手の話にかぶせて、
あいづちを打つ
フフフ……
変な笑いを入れる

相手　「ごはんはおいしそうだし、観光スポットも多いし、治安もいいみたいだし、マッサージも受けたいし、どんどん行きたくなってきたんだよね」

あなた　「うんうん」

相手　「次の連休に行ってみる方向で、計画立てない？」

あなた　「なるほどね」

「うんうん」「ふんふん」「なるほど」「そうですか」といったあいづちを使うのが、悪いわけではありません。ただ、聞いているふりの偽傾聴のとき、人はあいづちのパターンが同じになってしまうのです。

そして、それは**話し相手に「あ、この人、ちゃんと聞いていないいな」と、ほぼ確実にバレてしまいます。**しかも、聞いているふうを装っていたことも伝わってしまうので、その印象は明らかに話を聞いていないときよりも悪くなり、信頼を失うことになるのです。

残念な会話パターン⑥▼リハーサル：次に話したいことを考えてしまう

「リハーサル」は、「次に何を話そうかな」と考えてしまい、相手の話が上の空になってしまう会話パターンです。

これは**話をするのが好きな人、自分では会話が上手だと思っている人がやってしまいがち。**話したいことがたくさんあるからついつい「次にあの話をしよう！」「この間の出来事を聞いてもらおう！」と自分に会話のバトンがくるのを待ってしまったり、「これはこう返せばウケる！」「次の間で混ぜっ返したら盛り上がるはず！」と会話をリードすることばかりを考えてしまったり、頭の中でリハーサルを繰り返してしまいます。

その結果、話し相手の話や感情を受け止めることが疎かになり、「自分ばかりが話そうとする人」という印象を与えることになるのです。

残念な会話パターン⑦▼独占：自分の目標達成のために、会話の流れを変えてしまう

「独占」は、会話泥棒と呼ばれる会話パターンです。

✕な会話例①

相　手「最近、筋トレに目覚めたんですよ」
あなた「ホントですか？　じつは私もなんですよ」
相　手「そうですか」
あなた「ジムに週3、週4は自宅で自重トレーニング。体が変わっていくのが楽しくて！」

✕な会話例②

相　手「仕事のことで悩んでいて、先輩に聞いてもいいですか？」
あなた「いいよ」

相　手「営業の仕方が悪いのか、思うように次のアポイントにつながらなくて」
あなた「そんなの気合いと数だよ。俺が若い頃はね〜」

話し相手の出したキーワードを受け止めたようでいて、じつは自分の話したい方向に話の流れを変えてしまうのが、独占。相手は話の腰を折られ、したい会話を盗まれたと感じて、興ざめです。

十分に話した感覚が得られる前に会話泥棒をされてしまうと、当然、被害に遭った側は悪印象を持ちます。会話泥棒は、話し相手から信頼されません。

もし、あなたが「自分は独占してしまいがちかも」と思ったなら、**最後まで相手の話を聞くことを心がけましょう。**つまらない話だと感じていたとしても、話し出した相手が納得感を得られるまで聞き、満足げな表情を浮かべるのを見るのはいいものです。

残念な会話パターン⑧▼**不意打ち：会話の相手に対抗するために情報を集める**

「不意打ち」は、会話の中から話し相手の矛盾点や嘘、誤解を探し、追求する会話パターンです。ディベートなどで、相手を論破するときには不可欠な視点ですが、日常生活で繰り出してしまうと、いやなヤツ認定確実です。

×な会話例

相手「というわけで、おもしろかったんだよね」

あなた「でも、今の話、矛盾がありますよね。整合性がなくて、おもしろさが半減だったんですけど」

相手「……」

もちろん、腹に据えかねることがあってどうしても上司を論破したい、言いくるめられると自分や大切な人に不利益があるといった場面では、不意打ちは有効な武器になります。

元2ちゃんねるの管理人ひろゆきさん（西村博之さん）は本当に不意打ちが上手で、対談相手の話を「ふーん」という顔で興味なさそうに聞きながら突っ込みどころを集め、「ここぞ！」という場面で矛盾や嘘を追求。相手がどんなに社会的に高い立場の人でも黙らせてしまいます。

しかし、普段の会話のやりとりの中で不意打ちを使うのはやめておきましょう。**論破してスッキリするのは、本人だけ。敵が増えていくばかりです。**

残念な会話パターン⑨▼選択的傾聴：自分が興味のある内容にだけ反応する

「選択的傾聴」は、相手の話のうち、興味があること、都合のいい部分だけを聞き、自分のいいように解釈してしまう会話パターンです。

✕な会話例①

相　手「〇〇さんに陰でいろいろ言われているみたいで、困っているんですよ」

あなた「悪い方向に考えてばっかりだと、ダメだよ」

✕な会話例②

相手「今度、私の知人の紹介がてら、飲みに行きますか？」
あなた「いいですね。どんなお酒がお好きなんですか？」
相手「最近はワインが多いかな」
あなた「ワイン。じつは僕もハマっていて、今はビオ（有機栽培のぶどうを使用）をいろいろ飲んでいるんですよ。○○さん、オススメの産地があったら、教えてください」
相手「？？？」

自分がフォーカスした部分だけをピックアップして聞くので、話し相手には伝えたいことが伝わらないモヤモヤが残ります。また、選択的傾聴をした人から出てくる質問はズレているので、「この人は私の意図を理解していない」と思われてしまうのです。

私たちは相手の話をきちんと聞こうと決めても、ついつい自分の興味のある部分に注目してしまいます。だからこそ、**相手が話している内容の中で「相手が一番興味、関心のあ**

る部分はどこなのだろう？」と相手目線で探すことが大切です。

残念な会話パターン⑩▼防衛的傾聴：相手の話がこちらへの批判だと考えながら聞く

「防衛的傾聴」は、きっと相手はこちらを批判し、攻撃してくるのだろうと思い込み、話を聞いてしまうことによって生じる会話パターンです。

✕な会話例①

相　手「○○さん、今日の午後、少し時間取れるかな。打ち合わせたいことがあるんだ」
あなた「いや、今日は忙しくて」
相　手「そうか。10分くらいで済むんだけどな」
あなた「メールでもいいですか？」

✕な会話例②

相手「ねえねえ、いつも待ち合わせに遅れるのはどうしてなの？」
あなた「でも、5分くらいいじゃん……」
相手「怒っているわけじゃなくて、どうしてかなって理由が知りたいんだけど」

防衛的傾聴の特徴は、相手の話を聞いたあとの返しに「いや」「でも」「そうはいっても」「だって」といったワードが出てしまうこと。**原因は「相手が自分を批判してくる」「怒られる」「否定してくる」といった思い込み**にあります。

その結果、聞きたくない、話したくない、我慢して話を聞いているという態度が表に出てしまい、相手を遠ざけることになります。

防衛的傾聴を避けるには、このあと紹介する「インナースピーチ観察」が効果的です。

残念なパターンが出たときは必ず振り返る

残念なパターン攻略法

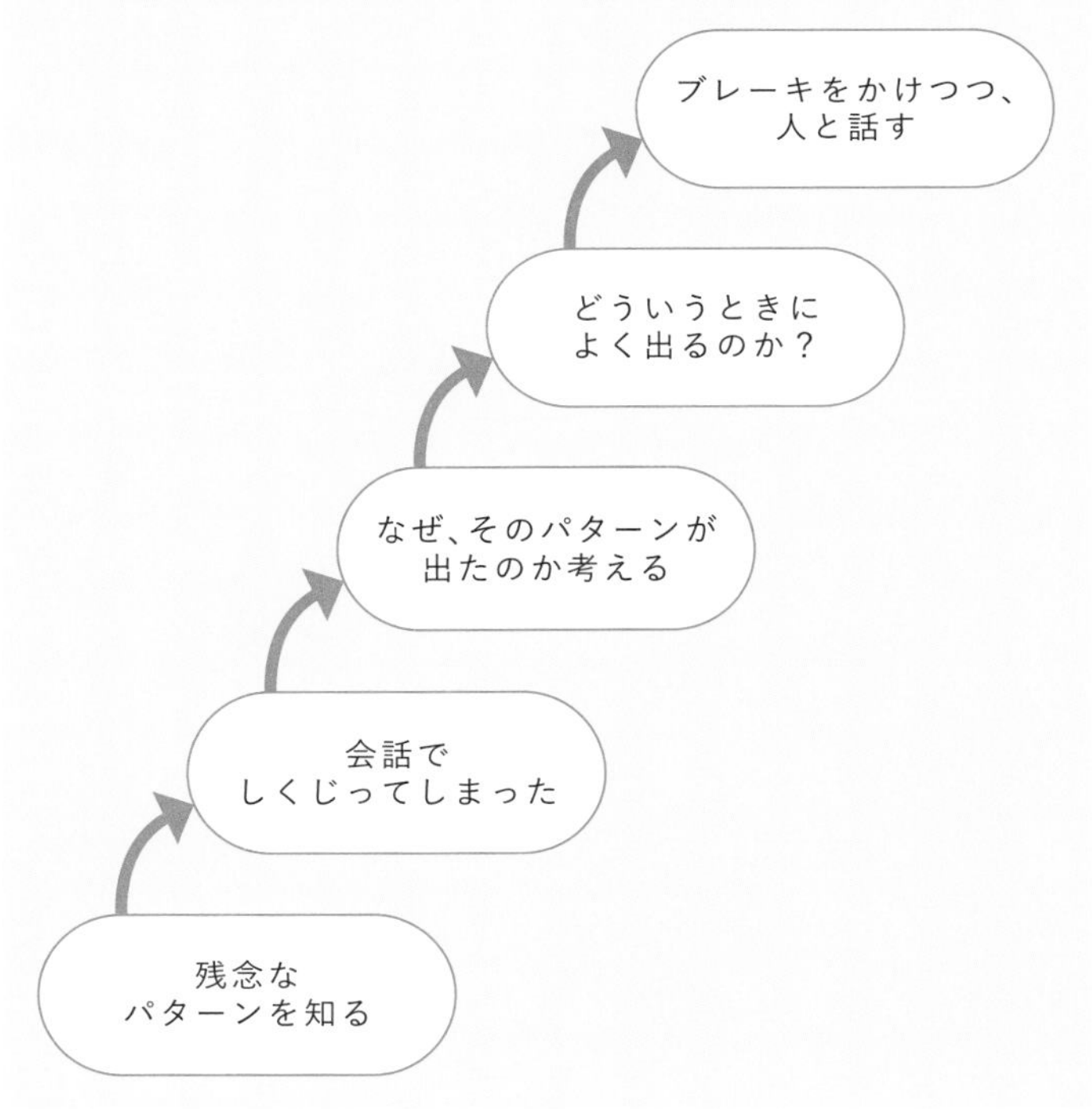

さて、10項目のうち、自分に当てはまるかも……と思う項目はいくつありましたか？　ゼロという人はまずいません。性格によって陥ってしまいやすい会話パターンがあるからです。

私も気をつけていないと「議論」や「問題解決」「不意打ち」をしてしまいがちです。それを避けるためには、**まずこうした残念な会話パターンがあると知っておくこと。**そして、**会話でのしくじりに気づき、やってしまったときはその都度、どうしてその会話パターンが出てしまったのかを振り返りましょう。**

その繰り返しによって、徐々に残念な会話パターンに入っていきつつある自分に気づき、ブレーキがかけられるようになります。

POINT

定期的に「聞き方」のクセをチェックすれば、何歳からでも聞く力は上げられる。つねに「相手の目線で聞く」ことを忘れずに。

◀不安から脱却できるインナースピーチ観察

「私はしゃべるのが下手だから」は悪循環の始まり

「話すこと自体にコンプレックスがある」という悩みがあって、自分から積極的に話しかけることができない。話しているうちに「おもしろく話せているかな?」「伝わっているかな?」と自信がなくなる……。

こうした**悩みの背景にあるのは、「不安」**です。

たとえば、「私はしゃべるのが下手だから」という不安から、勝手に「相手が退屈してしまう」と相手の心理を想像し、モゴモゴ、モジモジしてしまうとしましょう。

その状態を相手目線で見ると、「私と一緒にいて退屈そうにしている」「話しにくそうにしている」となります。

つまり、**不安があることで自分の心の声、インナースピーチに耳を傾けすぎてしまい、目の前の話し相手に集中できなくなり、悪印象を与えてしまう。**そんな悪循環が続くのです。

この傾向は緊張すればするほど強くなり、自分は会話が下手だと思っている人が初デートに行くと、「自分はしゃべるのが下手。だからフラれるかも……」と不安を感じます。

結果、思うように話せず、次のデートの約束は交わせずじまい。本人は「やっぱり」と落ち込むわけですが、相手の評価は違います。

「この人は、私といてつまらなそうだった。だから、やめておこう」と思うわけです。

認識の違いだけで恋が始まらないのだとすると、もったいないことですし、損をしたような気持ちになりませんか。

あなたが話をして、相手の反応が薄かったとき、「私の話がつまらなかったからだ」「話し方が下手だったから」というインナースピーチが起きたとして、それが正しいかどうかはわかりません。

なぜなら、単に相手の機嫌が悪く、話を聞いていなかった可能性もあるからです。

不安を遠ざけるステップ

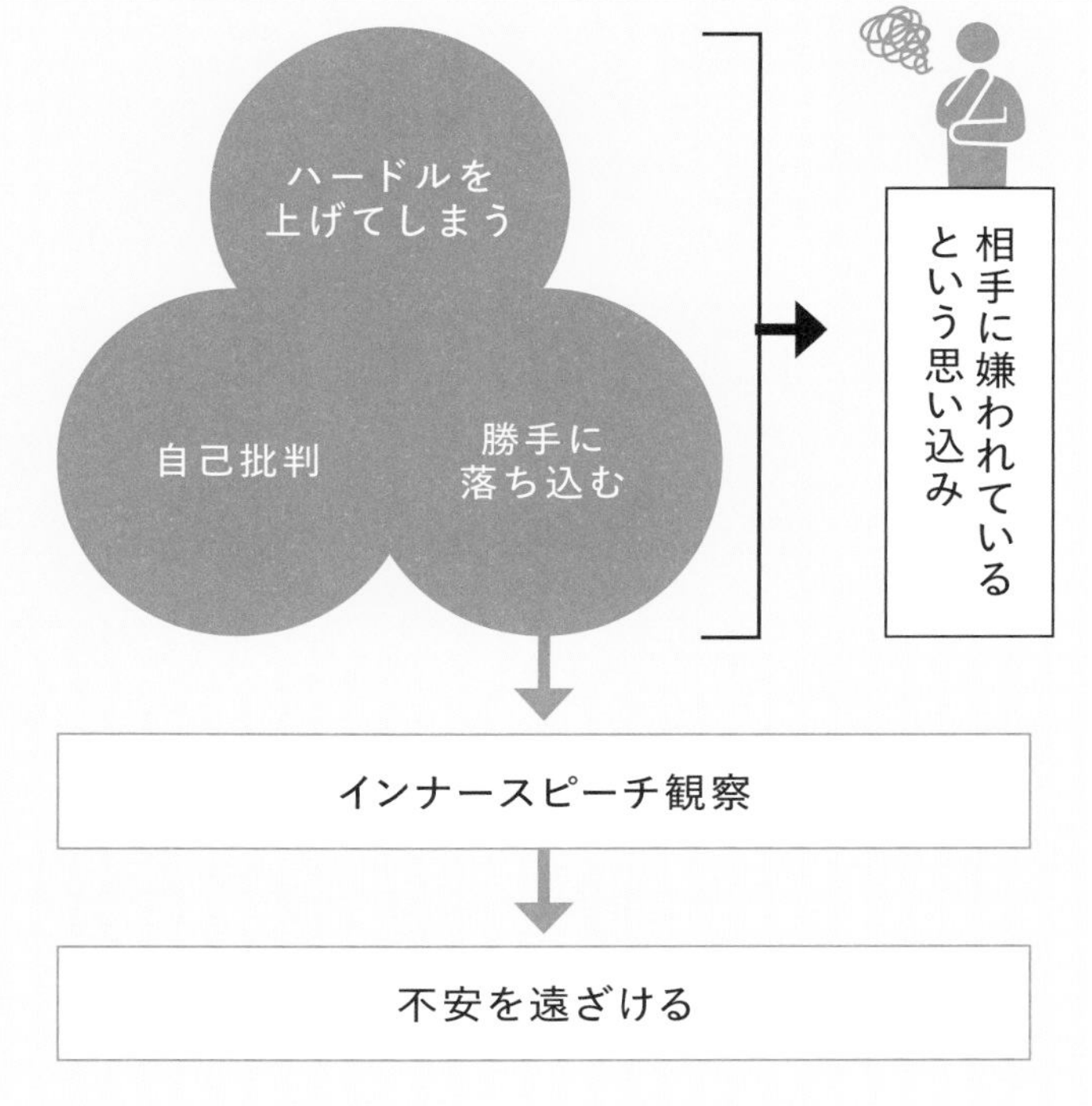

要するに、伝わらなかった理由は確定していないのに、勝手に自分のアクションに問題があると考えてしまうのが、自己批判的なインナースピーチを聞いている状態。**相手のリアクションを見て「伝わっていない」と思ったら補足説明をすればいいだけ**なのに、「伝わっていないぞ、おまえの話し方が下

手だからだ」という心の声に従ってしまうのです。

勝手にハードルを上げ、勝手に落ち込み、自己批判している……こんな状態を放置しておくと、うつ病の人の反芻思考と同じように苦手意識が苦手意識を呼び込み、話すことへのコンプレックスはより強くなってしまいます。


そもそも私たちは、さまざまなバイアスを持っています。

たとえば、「あなたは人間性において日本の中で、どのくらいの位置にいると思いますか？」と質問すると、ほとんどの人が平均以上の位置にいると考えます。

これは「レイク・ウォビゴン効果」と呼ばれるバイアスで、自分の能力や生活にまつわる満足度などを直感で決めてもらうと、7割以上の人たちが「自分は平均よりも上だ」と感じていることが研究で明らかになっています。

ところが、人間関係においては、「自分は平均以上である」と考えるバイアスが働きにくくなるのです。特に会話中、私たちは「相手に嫌われていると思い込むバイアス」の影響を受けます。

これは会話がうまい人にも当てはまり、客観的に見るといい人間関係を築いているのに、ふとしたときに「嫌われているかも?」と不安になります。

そんなときに役立つのが、ドイツのアーヘン工科大学を中心とした研究チームが提唱する「インナースピーチ観察」というテクニックです。

不安をなくすのではなく、遠ざける

改めて、インナースピーチとは、脳内で自然にわき起こる自己との対話のことです。多くの人は、誰かと会話をしている間もインナースピーチに気を取られており、そのせいで話し相手とのコミュニケーションの質が低下していきます。

中でも**悪影響が強いのが、自己批判的なインナースピーチで否定的な言葉が脳内で繰り返される状態。**ネガティブな思考に引っ張られ、目の前の相手との会話がスムーズに進まなくなってしまうのです。

✕な会話例

相　手「そっか―……」というあいづちのあと、沈黙。
あなた「……」（「自分はしゃべるのが下手だから、相手が退屈してしまった。どうしよう。大変だ」というインナースピーチに引っ張られる）

アーヘン工科大学を中心とした研究チームは、5つのステップで自己批判的なインナースピーチの悪影響を減らす方法を提案しています。

その狙いは、自己批判的なインナースピーチの受け取り方をポジティブな方向に変えること。**インナースピーチを止めるのではなく、解釈を変えて、相手に嫌われていると思い込むバイアスを出にくくさせていきます。**

自己批判的なインナースピーチを止める5つのステップ

「インナースピーチ観察」は会話の直前ではなく、1日の始まりとなる起床後に20分ほどかけて行いましょう。

これが朝のルーティンとなることで、インナースピーチのポジティブな解釈が習慣化され、会話中によぎる自己批判的なインナースピーチにも引っ張られなくなっていきます。

ステップ①▼**静かな場所で紙とペンを用意してリラックス(深呼吸)する**

朝、目覚めたあと、そのままベッドや布団の上でもいいですし、トイレが落ち着くならトイレでも、出勤や通学途中の公園のベンチでもかまいません。できるだけ静かであなたが落ち着ける場所に行き、目を閉じて4秒間すーっと吸って、8秒間かけてはぁーっと息を吐く深呼吸を行います。

ゆっくり吐くことで副交感神経が優位になり、自然とリラックスした状態になります。

ステップ②▼**リラックス状態で座り、しばらく沈黙。そのあと頭の中にわき上がってくる思考の断片を観察する**

目は閉じていても、開けていてもかまいません。リラックスして、ぽけーっとした状態でいると、徐々に頭の中にいろいろな思考がわき上がってきます。

「今日のランチは何を食べようかな」「会社行くのいやだな」「今日はちょっと腰が痛いな」「彼氏は今頃、何しているかな」「次の週末の段取りを立てないとな」「明日の会議の資料まだできていないな」「会費払いっぱなしで全然行っていないジム、今月こそ解約しなくちゃ」「課長、今日も機嫌悪いのかな」「おなかすいたな」……などなど。

心を無にしていく瞑想とは違い、インナースピーチ観察では**ざわつく内面をそのままにして、わき出る思考の断片を観察**します。

ステップ③▼浮かんできた思考の断片の1つを観察。そこにくっついている感情と感覚を紙に書き出す

浮かんできた思考の断片の1つをピックアップし、感情と感覚を紙に書き出します。

「会社行くのいやだな」なら、
感情……いやだな
感覚……ベッドから出たくない

インナースピーチ観察5つのステップ

1 紙とペンを用意する

2 リラックスして、思考の断片を観察

3 思考の断片にくっついている感情と感覚を書く

感情…
感覚…

4 次の思考を観察して書く

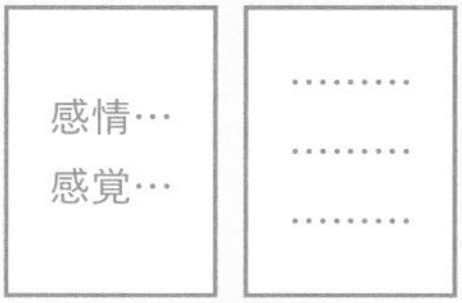
感情…
感覚…
………
………
………

5 ネガティブな思考をポジティブに変える

休むという手もある！
「いやだな」を乗り越えて、会社に行こう

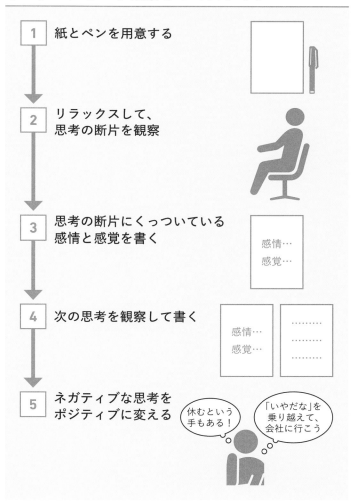

といったイメージです。
これがインナースピーチ観察のおもしろいところで、**感情とそれに伴う体の感覚を把握すると、自分事ではなく他人事のように客観的に状況を観察できるようになります。**

ステップ④▼また、わいてくる思考を観察する

1つの思考の断片の観察が終わったら、次の思考の断片を取り上げ、再び観察します。

「次の週末の段取りを立てないとな」なら、
感情……ちょっと面倒くさい
感覚……先延ばししたい

「課長、今日も機嫌悪いのかな」なら、
感情……会いたくない
感覚……会社に向かう足取りが重い

これを10分から20分繰り返すと、20から30の思考の断片が集まったインナースピーチ観察のメモができあがるはずです。やってみないと「そんなに出てくるの？」と思うかもしれませんが、実践するとすぐにわかります。

私たちには雑念がいっぱいあって、ものすごい勢いで自己との会話を繰り広げているものです。もちろん、慣れないうちは20分やって5項目くらいでもかまいません。

ステップ⑤▼書き出したインナースピーチを見て、ネガティブな思考を無理矢理ポジティブに変える

自分のインナースピーチを観察したメモができたら、そこにあるネガティブな感情、感覚を無理矢理ポジティブな解釈に変えていきましょう。

「会社行くのいやだな」なら、
感情……いやだな
感覚……ベッドから出たくない
←

「いやだなを乗り越えて今日も家を出る自分、最強」
「ベッドに寝っ転がったまま、休みの連絡を入れる選択肢もある。人生は自由だ」

「次の週末の段取りを立てないとな」なら、
感情……ちょっと面倒くさい
感覚……先延ばししたい
←
「週末、イベントに誘ってくれる友達がいる。喜んでもらえる段取りを立てよう」
「今夜、カフェでガイドブック見ながら予定を立てよう。ワインとか飲みながら」

「課長、今日も機嫌悪いのかな」なら、
感情……会いたくない
感覚……会社に向かう足取りが重い
←
「課長も娘さん中学生だし、家で大変なんだろうな。そう思ったらまあ、いいか」

「今日から機嫌の悪さ観察して、100点満点中何点か、採点していこう」

インナースピーチ観察をさらに高める2つのサポートテクニック

自己批判的なインナースピーチが多い人は、基本的にネガティブな言葉を多く使う傾向があります。ですから、**インナースピーチ観察でネガティブな言葉、捉え方を無理矢理にでもポジティブな方向に変えることが、自己批判的なインナースピーチの影響を減らす練習になる**のです。

もちろん、1回や2回の取り組みでは大きくは変わりませんが、朝のルーティンとしてインナースピーチ観察を続けるうち、会話中に浮かんできた自己批判的なインナースピーチに対しても「あのときは、こういうふうにポジティブに書き換えたな」と思い出し、うまく対処できるようになります。

私もインナースピーチ観察で自己批判的なインナースピーチを切り離せるようになり、

海外でもよくしゃべれるようになりました。以前は「きちんとした英語が話せない」というコンプレックスがあり、いわゆる旅行英語以外の会話には抵抗感がありました。

たとえば、ワインのプロや心理学について研究している人たちと話す機会があっても、「話したいことはあるけれど、英語がいまいちだから伝わらないかも」「英語が下手なせいで、何も知らないと思われるかも」といった自己批判的なインナースピーチに足を引っ張られていたのです。

しかし、インナースピーチ観察で「海外で、この人と話す機会が次にいつ訪れるかわからないんだから」「語彙力よりも好きな気持ちのほうが、相手と打ち解ける力になる」「ワインの勉強をしに来ているんだから、間違えてもいいから話そう」という捉え方をして、会話のチャンスを活かすようにしていきました。

すると、「やっぱり動いてよかった」「しゃべってよかった」「好きなものが近い友達ができた」と結果が伴うようになり、英語を話すことへの抵抗感もなくなっていったのです。

最後にインナースピーチ観察のサポートテクニックとして使える、科学的に効果が立証されたポジティブなメンタルを作る2つの方法を紹介します。

・毎朝、「今日は楽しい行動を選ぶように心がけよう」と自分に言い聞かせる
・何かつらいことがあったときは、深呼吸をする

非常にシンプルですが、これはアメリカのテキサス州にある南メソジスト大学の研究チームが内向的な性格を変えたいと考える人たちを対象に15週間にわたる実験を行い、メンタルへの好影響があった方法です。
朝のインナースピーチ観察のルーティンにプラスして、この2つを自分に約束することで、話すことへの不安は確実に減っていくはずです。

POINT

相手に話が伝わっていない？
でも、その原因は相手にあるのかも。
「インナースピーチ観察」を続ければ、不安は遠ざけられる。

◀ 声を変えれば印象が変わる

意外と知らない声の重要性

自分では話すべきことを話せていると思っているのに、なぜか存在感を発揮できない、説得力が乏しいような気がするといった悩みがある人は、もしかすると「声」に原因があるのかもしれません。

よく「議論は声がでかいヤツが勝つ」といわれます。本来であれば、声の大小とは関係なく、質の高い内容を話す人の意見が尊重されるべきでしょう。

しかし実際に会議を観察した研究によると、**発言の機会が均等ではない場では、声が大きく、よく話す人の意見が通りやすい**ことがわかっています。

私も動画では早口で少し高い声を出していますが、これは見ている人に考えるすきを与えないためです。新しい知識について知ってもらうとき、低くゆっくりとしたトーンで話すと、聞いた相手は自分の過去の経験と照らし合わせ、多くの場合、否定的なインナースピーチの影響を受けます。

これは新しく入ってくる情報や知識よりも、過去の経験や記憶を優先するのが人の本能だからです。しかし、高い声の早口で一気に伝えられると、善し悪しを判断する前に情報を受け取ってしまいます。

新しい知識を知ってもらうには高い声と早口が有効で、しっかり覚えてもらいたいポイントについてはスピードを落としてゆっくり話すと、効果的。つまり、声にはそれだけ力があるのです。

ところが、多くの人は自分の出している声について、あまり気にかけることなく話しています。そこで、心理学的に効果が証明されている説得力を高める発話の方法「アフェクト・ボーカライゼーション」を紹介します。

説得力が増すアフェクト・ボーカライゼーション

心理学の研究によると、人は話の内容に加え、相手の声の抑揚から特定の感情を読み取っていることがわかっています。特に**驚きや悲しみの感情は、声色の変化によって強く相手に伝わります。**

こうした声と相手の心理の結びつきを味方につけることで、次のような発話をすると説得力を高め、話し相手の信頼を勝ち取りやすくなります。

では、どのような話の抑揚が有効なのでしょうか。ポイントは3つあります。

①話し声は少し低めで、普段よりゆっくり

私の動画では、新しい知識を多くの人にひとり語りで伝えるため、早口かつ高いトーンで話しています。しかし、これはレアケース。通常の1対1の対話、日常的なグループでの会話では、声のトーンを低めにし、普段よりもゆっくり話すことを心がけると説得力、信頼感ともに増すことがわかっています。

アフェクト・ボーカライゼーション３つのポイント

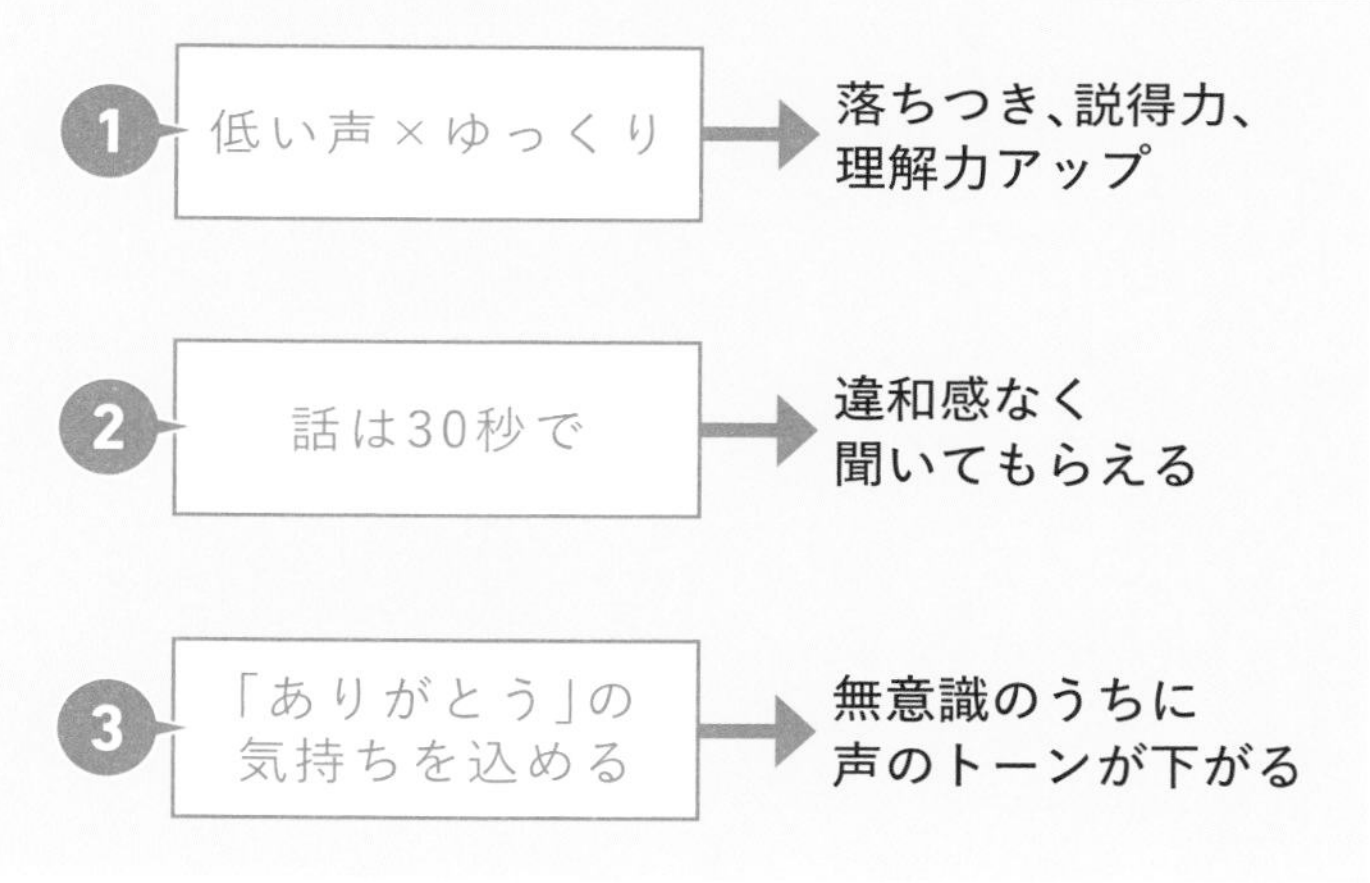

特に相手に伝えたいこと、あなたがアピールしたいポイントについては、１つ１つの言葉をゆっくりはっきりと、低い声で発話しましょう。すると、相手の理解力が高まり、心に刻み込みやすくなります。

②簡潔に話をする

私は平気で20分でも30分でも、なんなら１２０分でも聞き手を飽きさせることなくしゃべり続けることができますが、これもまたレアケースです。

１対１の対話、日常的なグループでの会話ではほとんどの場合、長話は嫌われます。

第１章で紹介した「信号機ルール」を思い出してください。

あなたの持ち時間は30秒、相手の持ち時間も30秒でバトンタッチ。そのほうが、話し相手は違和感なく、あなたの話を聞いてくれます。

ですから、**1つの話は30秒以内にまとめること。**呼吸にすると、ワンブレスかツーブレスくらいです。

そして、大事なのは**自分のターンが終わったあとの相手の反応を見ること。**退屈そうではないか、疑問に思っていないか、理解しきれていない表情を浮かべていないか、飽きてしまってはいないか。もし、ネガティブな反応が見えたら、別の会話スターターを使っていきましょう。

③感謝の気持ちを持ちながら話をする

「感謝の気持ちを持ちながら話す」と聞くと、いきなりスピリチュアルっぽい印象が強くなりますが、そうではありません。じつは**感謝の気持ちがあると、声のトーンが話し手の普段のベースのトーンから1段階下がる**ことがわかっています。

つまり、声が1段階低くなり、説得力が増すのです。

そこで、**話をする前に相手の尊敬できるポイントを探しましょう。**できれば3つ見つけたいところですが、1つでも大丈夫です。すると、相手に敬意や尊敬の気持ちを抱けるようになり、無意識のうちに声のトーンが下がります。

どうでしょう？　第4章では、話がうまくできないというコンプレックスの原因を解消するため、「聞き下手」「不安」「発声の知識不足」の対処法を紹介してきました。

いずれもすぐに実践できるものですが、中でも説得力を高める「アフェクト・ボーカライゼーション」はすぐに使える方法です。実際に試してみて、その効果を確認してみてください。

POINT !

相手の信頼を得るには「少し低めの話し声」「ややゆっくり」「30秒以内」「相手の尊敬できるポイントを見つける」を意識して話す。

第5章

自宅でできる会話トレーニング

◀どんなシチュエーションでも話せる力を作る

会話力を高めるトレーニング

締めくくりとなる第5章では、家にいながら1人でもできる会話力を高めるトレーニングを紹介していきます。

そもそも会話に関する悩みを抱えている人は、気軽に「話す練習をしたいから、つきあってくれませんか?」と誰かを誘うことができません。それができる人はコミュニケーション能力が高く、きっと会話もそれなりにこなしているはずです。

しかし、同じような悩みを抱えている研究者はいるようで、調べてみると、効果の裏づけのある1人でもできる会話力のトレーニングがいくつも見つかりました。

そこから**会話中の共感力の高め方、目線の動かし方、苦手な相手との話し方、緊張のほ**

ぐし方、うっかりミスの防ぎ方の5つのトレーニングをピックアップ。

それぞれの力に磨きをかけることで、雑談中、日常会話の間、説得の場面、親しさを増していくコミュニケーションの際といった、**すべての会話のシチュエーションで話す力を底上げすることができます。**

共感力を鍛える無音ドラマトレーニング

1つ目のトレーニングは、「無音ドラマトレーニング」です。

これは**ドラマのワンシーンを無音の状態で見て、「登場人物が何を考えているか?」を想像する**というもの。会話のうまい人が備え持っている**共感力を鍛える**ことができます。

提唱しているのは、アメリカのオクラホマ大学の研究チーム。

彼らは100人の被験者を半数ずつに分け、一方のグループには賞を受賞したドラマを、もう一方のグループには海洋生物のドキュメンタリーを見てもらい、前後のEQ（感情知性）の変化を測るという実験を行いました。

結果を比べると、ドキュメンタリーを見たグループよりも、ドラマを見たグループのE

Qスコアが上昇。良質なドラマを見ることは、他人の心を読み取る力を伸ばしてくれるのです。

これがなぜ会話のうまさにつながるかというと、**目の前にいる話し相手の感情を読み取り、共感できるようになると、あなたの態度から硬さが取れていく**からです。そのリラックスした雰囲気が相手に伝わり、コミュニケーションを円滑にしてくれます。

話し相手への共感力を育てるには、無音ドラマトレーニングに加え、日々のコミュニケーションで次の2つのポイントを意識することもオススメします。

①会話している相手の過去を想像する

どんな環境で育ったのか？　子ども時代にどんな経験をしたのか？　家族はどんな人たちなのか？　など、できるだけ具体的にイメージすると効果的です。

②会話している相手の現在を想像する

どんな立場で仕事をしているのか？　今、抱えている悩みは？　相手の立場に立ってみ

無音ドラマトレーニング

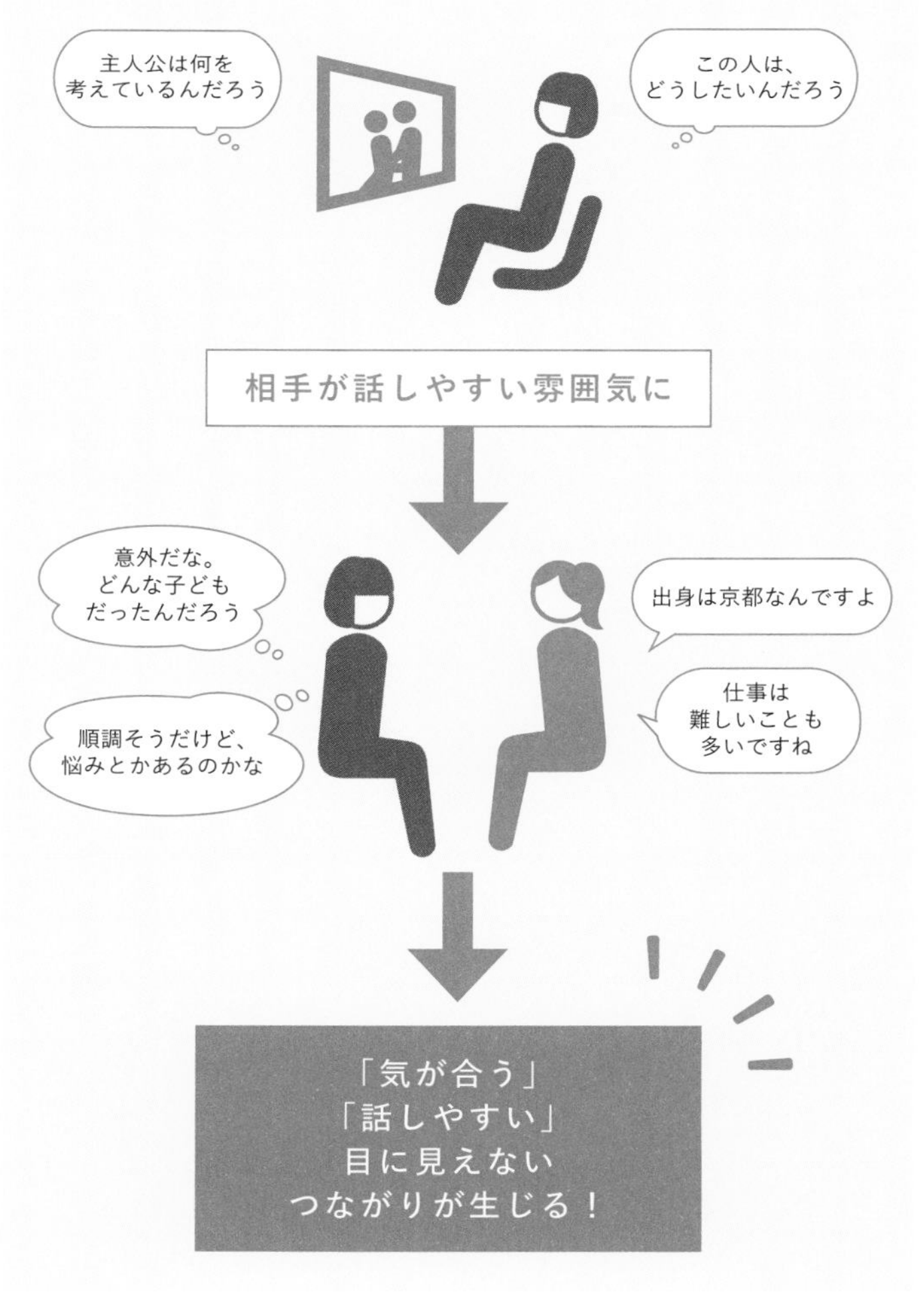

て、その人の抱えている気持ちをリアルにイメージしていきます。

その効果は、２００６年にアメリカのシカゴ大学が発表した論文で検証されています。この論文によると、相手の話を聞きながらその人と同じ立場にいる自分の姿を思い描くことによって、脳内で意外な現象が起きることが確認されました。

なんと、**あなたの脳と相手の脳の同じ部位が活性化する**のです。これは相手のことを想像し、自分が同じ立場にあったらと共感することで、お互いの間に「気が合うかも」「話がしやすい」といった目に見えないつながりが生じるからだと考えられています。

実際、この効果を私はババ抜きなどの心理戦で実践し、実感しています。

相手の表情を読む、仕草を読むといったメンタリズム的なアプローチとは別に、相手の状況を確認して「昨日の仕事でちょっと疲れていて、寝不足のようだ」「二日酔いみたいだな」とわかったら、そこに共感して「自分が眠くて帰りたい、二日酔いでしんどいと思っているときだったら、ババを置く場所も適当に決めるだろう」と、相手の立場に立って考えるわけです。

ちなみに、適当に置く場合、5枚あるカード（心理戦のババ抜きは4枚のカードと1枚のババで行う）の右側2枚のどちらかにババが配置されることが多いので、私は左側から引いていきます。

共感力は、このように相手の心を読むテクニックとしても使えますが、一般的には親密さの高まりが最も役立つ部分です。

相手と会話するとき、先程の2つのポイントを想像し、自分が相手の立場だったら？とできるだけリアリティのあるイメージを持つようにします。そうすることで、2人の間に親密さが生じ、会話が勝手に盛り上がるという劇的な効果を得ることができるのです。

相手のバックグラウンドを想像する

加えて、相手のバックグラウンドを想像する感覚をつかむトレーニングも紹介しておきましょう。

今度の題材はドラマではなく、芸人さんのトークです。トーク系のバラエティ番組でもいいですし、ラジオ番組でもかまいません。

芸人さんたちがエピソードトークを始める部分を保存して、題材にしましょう。

ここでいうエピソードトークとは、「最近○○ということがあって……」や「学生時代に××という場所に行き……」や「武勇伝を明かします……」といった1つの出来事を語るトークです。

芸人さんがエピソードトークを始めたら、映画やドキュメンタリー作品を見ているかのように、脳内で1つ1つの場面を想像していきます。無音ドラマトレーニングでは、映像から登場人物の感情や考えを想像していきましたが、ここでは逆に**語られる心情から場面をイメージしていく**のです。

最終的なゴールは、話し相手の語っているエピソードを、さも自分でも体験したように感じられる状態。そこまでいくと、相手の話を聞きながらその人と同じ立場にいる自分の姿を思い描くことも容易になります。

なぜ、芸人さんのエピソードトークを題材にするかというと、彼らは総じて描写が巧みなので、聞きながら場面を想像しやすいからです。

最初は巧みな話し手のトークで想像する感覚をつかみ、徐々に実際に顔を合わせた友人、知人の話でも試していきましょう。**エピソードトークの映像化がうまくできるようになると、自然と相手の感情を想像する力が備わります。**

つまり、高い共感力を身につけた聞き手になることができるのです。

POINT

!

共感力を持つと、リラックスして話せるようになる。
無音でドラマを見ることと、
目の前の相手の過去・現在を想像して話を聞くことで、
共感力はグンと上げられる。

◀目線の動きを改善する「アイコンタクトトレーニング」

目線の使い方に自信のない人に効果的

自分の話し方に自信がない人は、会話中の目線の動きで話し相手に不信感を抱かせてしまっていることが少なくありません。

「うまく話せているかな」という自信のなさ、「相手は退屈しているかも」という不安など、ネガティブな心理が影響し、相手の顔を見ることができないだけで、悪気はないのでしょう。ただ、会話の間にアイコンタクトが減ってしまうと、どうしても相手は「何か隠している?」「嘘をついているのでは?」「オドオドしている」「私が怖がられている?」といった印象を受けます。

それは相手を緊張させるので、場の空気がピリピリし始め、自分の話し方に自信のない人の不安をさらにふくらませていき、ますます目線はあちこちへとさすらうように……。完全な悪循環です。

次のトレーニングは、こうした会話中の目線の動きを改善する「アイコンタクトトレーニング」です。

残念ながら、このトレーニングにはパートナーが欠かせません。家族や友人、会社の同僚に協力してもらい、行いましょう。もちろん、ZoomやLINEなどのアプリを使ったオンラインでのミーティングでも大丈夫です。

アイコンタクトトレーニングの3つのステップ

①友人や会社の同僚に、自分と5分間見つめ合うようお願いをする
②気まずさを感じても目をそらさず、自分の感情にどんなことが浮かぶかを記録する
③5分たったら、お互いの中にどのような感情や感覚が浮かんだかを話し合う

アイコンタクトトレーニングを提唱しているのは、ドイツのヴュルツブルク大学の研究チームです。

①友人や会社の同僚に、自分と5分間見つめ合うようお願いをする

対面した相手とお互いの目を5分間じっと見つめ合います。5分は非常に長く感じるはずです。というのも、通常のアイコンタクトは長くても3秒。つきあいたてのカップルでも5秒ほどです。

たいていの人は2秒以上、目を合わせていると、そのアイコンタクトには特別な意味があると感じます。ですから、5分間見つめ合うのは非現実的なシチュエーション。一種のゲームとして取り組みましょう。

これが、アイコンタクトトレーニングのファーストステップです。

②気まずさを感じても目をそらさず、自分の感情にどんなことが浮かぶかを記録する

5分間見つめ合うと、相手がどんなに親しい人であっても当然、気まずさを感じます。でも、その気まずさにくじけず、相手の目を見続けましょう。重要なのは、ここから先です。見続けることが、アイコンタクトのトレーニングになるのではありません。

アイコンタクトトレーニング

なぜ、気まずいのか、どうして目をそらしたいと思うのか。

相手の目を見続けている間に浮かんだ思考、感情を確かめて、言葉にし、ボイスレコーダーやスマホのボイスレコーダー機能を使って記録しましょう。できれば紙に書きたいところですが、アイコンタクトしながら筆記するのは、難易度が高いですからね。

ポイントは、自分がなぜ目をそらしたくなるのか、目を合わせることに違和感を覚えるのかの理由を確認すること。記録して、客観的に振り返ると、それが「相手の影響ではなく、自分の内側からわき上がってきた感情や衝動だ」と気づくことができます。

第4章で取り上げた「インナースピーチ観察」とも通じますが、目を合わせているときに感じる自信のなさや不安は、本人が勝手に抱いている感情です。決して、目を合わせている相手がこちらを威嚇しているわけではありません。

③5分たったら、お互いの中にどのような感情や感覚が浮かんだかを話し合う

5分間のアイコンタクトのゲームを終えたら、相手とお互いにどういう感情、感覚が浮かんだかを話し合いましょう。

すると、おもしろいことに相手も同じように目をそらしたい衝動に駆られ、目を合わせていることに違和感を覚えていたことがわかります。

驚くほど即効性が高い20分のトレーニング

アイコンタクトトレーニングの3つのステップを踏むメリットは、2つあります。

1つは**自信のなさや不安は自分の内側から来ていると気づき、それに耐えるという経験ができる**こと。もう1つは、**相手も同じような感情、感覚を持っていたと知り、目を合わせるのが苦手なのは自分だけではないとわかる**ことです。

会話中は、相手の表情に十分な注意を向ける必要があります。なぜなら、相手の感情を理解する上で表情は大きなヒントになるからです。

これは、顔色を読めという話ではありません。私たちの脳には、相手の顔を見て、アイコンタクトしながら話すことで過去の経験を参照し、場に適した振る舞いができるよう情報を処理してくれる力があります。

しかし、相手の表情を、目を見ずに話していると、その能力も活かすことができません。見ていないものは、処理しようがないからです。

その点、ヴュルツブルク大学の研究チームは、「**アイコンタクトトレーニングを3、4回行うだけで相手の表情に意識を向け、必要なアイコンタクトをするコツがつかめるようになる**」と指摘しています。具体的には、会話中にうまくほほえむことができるようになったり、相手の目を見ながら話すことに抵抗がなくなったりします。

時間にして20分ほど。その即効性の高さを体験するためにも、アイコンタクトトレーニングを試してみましょう。

POINT

20分でアイコンタクトのコツがつかめるトレーニング。
自信のなさや不安をなくしながら、
相手の気持ちも理解できるようになる。

◀苦手な相手にも動じない「空席エクササイズ」

対人関係のトラブル解決法にも使える

あなたにも、こんなふうに感じている相手がいませんか？

・苦手意識があって、言いたいことがあっても言葉を飲み込んでしまう
・どうしてもこの人の前に出ると緊張してしまって、うまく話せない

職場の先輩や上司、取引先のキーマン、通っている病院の担当医、夫や妻の両親など、身近にいて苦手だけれど、会うのを避けることができない相手。そんな人たちとのコミュニケーションを改善するエクササイズを紹介します。

これはイギリスのヨーク大学の研究チームが推奨する対話エクササイズで「空席エクササイズ」と呼ばれるもの。**苦手な相手とのコミュニケーション力を鍛えるために開発されたトレーニング法**で、**対人関係のトラブル解決法**としては一定の評価を得ています。

空席エクササイズの5つのステップ

①椅子を2つ用意し、片方の椅子に腰かける
②もう一方の椅子に、苦手な人が座っているところをイメージする
③相手との会話がどのように展開していくかを想像する
④会話の展開があなたに不利だったり、うまくいかなかったりした場合、想像の中の声のトーンや話題の振り方などを変えて、何度か試してみる
⑤「これは、対話をうまく展開する役には立たないだろうな」と思われるコミュニケーション（怒りをぶちまけるなど）を使ったら、相手の反応はどうなるだろう？　と想像したあと、「これが現実の会話だったらどんな結果になるだろうか？」と自問してみる

①椅子を2つ用意し、片方の椅子に腰かける（1つは空席）

椅子を2つ用意して、片方に腰をかけます。

②もう一方の椅子に、苦手な人が座っているところをイメージする

苦手な人を思い浮かべ、目の前の空席に腰かけて、向かい合っていると想像します。もし想像するのが難しければ、写真を置いてもいいでしょう。

③相手との会話がどのように展開していくかを想像する

苦手な人と交わすであろう会話を想像します。

嫌味を言われるのか、口喧嘩になるのか、言いたい放題にされて黙り込むのか、奇跡的に盛り上がるのか。

「このぶっきらぼうな物言いが、いやなんだよな」「常に上から目線でマウント取ってくるのが、イラつく」「今日はよく話を聞いてくれると思ったら、最後の最後に嫌味の倍返しか」など、**どんな展開になるのかを具体的にイメージ**していきましょう。

④会話の展開があなたに不利だったり、うまくいかなかったりした場合、想像の中の声のトーンや話題の振り方などを変えて、何度か試してみる

3つ目のステップで想像した会話の中で、何が、相手のぶっきらぼうな物言いや言いたい放題のマウント、口喧嘩のきっかけになったのかを振り返ります。また、会話がスムーズに運ぶ想像ができたのなら、現実と想像では何が違ったのかをチェックしましょう。

すると、「ああ、あそこで『自分はそうじゃないと思うんですけど』のひと言を挟んだのが口喧嘩の引き金になったんだ」「場を和ませようと『部長はどうですか？』とオープンクエッションを振ったから、とめどないマウントトークが始まったんだ」と、会話のターニングポイントが見えてきます。

一方、ぶっきらぼうな物言いは相手の特性で、こちらに非があるわけではないといったことにも気づけます。

その上で、**うまくいきそうなパターンをいくつかシミュレーションしていきましょう。**

あくまで空席を相手にした脳内での会話ですから、もし誰かが横で見ていたらかなりシュールな光景です。ただ、何度かシミュレーションを繰り返すうち、「これなら、いやな

空席エクササイズ

1 椅子を2つ用意。片方の椅子に座る

2 あいている椅子に苦手な人が座っているとイメージする

3 相手との会話を想像する

言い方にトゲがあるんだよな
自分が正しいっていう思い込みがしんどい

4 声のトーンや話題を変える

反論のタイミングがよくなかったのかな
落ち着いて話してみよう

5 NGなコミュニケーションのときの相手の反応を想像する

険悪になりそう
「本当に感じ悪い！」
キレるだろうなあ
「どうして余計なことを言うんですか！」

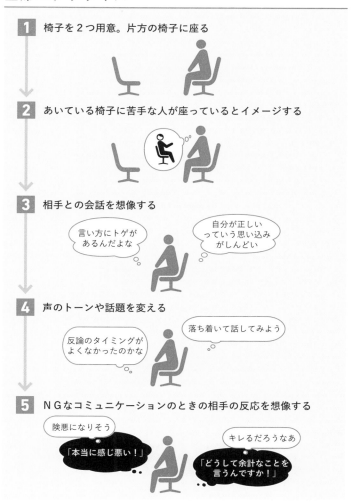

感じにならない」「このルートならマウントも取られない」といった会話の流れのストックが増えていきます。

⑤「これは、対話をうまく展開する役には立たないだろうな」と思われるコミュニケーション（怒りをぶちまけるなど）を使ったら、相手の反応はどうなるだろう？　と想像したあと、「これが現実の会話だったらどんな結果になるだろうか？」と自問してみる

最後のステップは、あえてうまくいかない確率が高そうなコミュニケーションを選んだ場合、どうなるかをシミュレーションします。

「そのぶっきらぼうな物言いは、どうなんですか？」「マウントはもういいです。感じ悪いですよ」「せっかくいい雰囲気だったのに、そのひと言でぶち壊しですね」など想像の中だけでもスッキリしそうですが、実際にこれをやると火に油を注ぐ結果になるでしょう。でも、あえてそんな会話の展開もイメージしてみることで、やってはいけない会話の流れもストックされていきます。

つまり、**苦手な人との会話を今よりもマシにするパターンと、自分はスッキリするけれ**

どナシなパターンを切り分けていき、対応を整理していくのが空席エクササイズの狙い。

ちなみに、声のトーンに関しては想像の中だけではつかみづらいところがあると思いますので、声に出してシミュレーションするのもいいでしょう。これもまた、誰かに見られたら誤解を招きそうですが……。

空席エクササイズを繰り返すと、苦手な人との会話に慣れが生じ、苦手意識を薄れさせることができます。

また、そもそも知らない人と会話するのが苦手……という人は、初対面の相手とのコミュニケーションを空席エクササイズしてみましょう。

どうして会話に詰まってしまうのか、どんな感情になっているのかをシミュレーションすることで、**苦手な自分でも選べる会話のルートが見えてくる**はずです。

POINT

苦手な人と話すことに慣れたり、対人関係のトラブルを解決しやすくなるエクササイズ。初対面の相手との会話が苦手な人にも効果的。

◀ 緊張しがちな人向けのもう1つの「空席エクササイズ」

力を抜いてコミュニケーションが取れるようになる7つのステップ

空席エクササイズには、もう1つ別のバージョンがあります。

こちらは緊張でうまくしゃべれない人、落ち着いた会話をするのが苦手な人が行うと、高い効果が期待できるエクササイズです。

①椅子を2つ用意し、片方の椅子に座る（1つは空席）
②もう1つの椅子に古くからの友人や仲のよい同僚が座っているところを想像する
③その相手が暴言や失言を吐いてくることを想像する

④自分の心にわき上がってきた否定的な感情で身体にどんな変化が出てきたかを探す
⑤きつい感情に意識を向け、それを30秒味わう
⑥深呼吸でそのネガティブな感情を吐き出す
⑦再び誰かに暴言を吐かれているシーンをイメージする

①椅子を2つ用意し、片方の椅子に座る（1つは空席）

椅子を2つ用意して、片方に腰かけます。

②もう1つの椅子に古くからの友人や仲のよい同僚が座っているところを想像する

空席に古くからの友人や、仲のよい同僚が座っているところを想像します。具体的にその人のキャラクターがイメージできる人を選びましょう。

③その相手が暴言や失言を吐いてくることを想像する

実際には起きたことがないかもしれませんが、友人や同僚があなたに暴言を吐いたり、失言を漏らしたりした場面を想像します。

「何でもいいからハイって言っとけよ、このバカ」

「前から思っていたけれど、○○って本当に仕事、遅いよね」

友人や同僚のイメージと暴言や失言がうまく結びつかないときは、過去に誰かからぶつけられた言葉を思い出し、それを彼らが言ったようにシミュレートしましょう。

④自分の心にわき上がってきた否定的な感情で身体にどんな変化が出てきたかを探す

親しい人、信頼されていると思っていた人からの暴言、失言です。

当然、あなたは動揺し、悲しくなり、なんてひどいことを言うのだろうと落ち込むことでしょう。そのネガティブな感情によって、どんな身体的な変化が起きたかを観察します。

たとえば、拳をギュッと握った、歯を食いしばった、顎に力が入った、相手を殴りたくなった、その場から逃げ出したくなった、胃が締めつけられるような感じがした、涙が出そうになった……。わき上がってきた感情による身体への変化を感じ取りましょう。

⑤きつい感情に意識を向け、それを30秒味わう

身体の変化のトリガーとなったネガティブな思考や感情に意識を向け、30秒間集中しま

もう1つの空席エクササイズ

1 椅子を2つ用意。
片方の椅子に座る
2 あいている椅子に
友人や同僚が座っていると
イメージする
3 相手の暴言や
失言を想像する
「協調性が
ないよね」
「最近、
つきあいが悪い」
4 わき上がる感情が
身体に与える変化を探す
胃が痛くなる感じ
胸がドキドキ
してきた
5 きつい感情を意識する。
30秒集中する
30sec.
ずっとそんなふうに
思っていたのか
6 深呼吸をしてネガティブな
感情を吐き出す
7 再び誰かからの暴言や
失言を想像する
「結果が出せていない」
最近スランプで……。
こういうとき、
どうすればいいかな

す。想像の中での出来事とはいえ、しんどいステップです。

それでも「相手の暴言にイライラして、怒りがフツフツとわき上がり、無意識のうちに拳をギュッと握っていた」「思わぬ失言に相手の本音を見た気がして、信頼がガラガラ崩れ、胃が痛み、冷や汗が出た」など、具体的にイメージをふくらませ、30秒間向き合いましょう。

⑥深呼吸でそのネガティブな感情を吐き出す

次に深呼吸をします。

息を吸い、ゆっくりと深く長く吐きましょう。その間、30秒間集中して身体に溜め込んだネガティブな思考、反応を一気に吐き出すというイメージで。胃が締めつけられているのなら、だんだんとゆるんでいくような、イライラしているのであれば呼吸とともに怒気が抜けていくような感じです。

深呼吸は1回ではなく、ネガティブなものが抜けていくまで何度でも繰り返しましょう。吸って吐いてをゆっくりと繰り返すうち、身体がリラックスしてネガティブな感情や思考が消えていくのを観察します。

⑦再び誰かに暴言を吐かれているシーンをイメージする

ネガティブな思考、反応が抜けたら、今度は別の誰かを想像し、空席に招待します。そして、再び暴言、失言をぶつけてもらいましょう。

ただし、今度は動揺せず、冷静に対処している自分をイメージします。相手はこちらに何か言い続けていますが、あなたは冷静かつ、リラックスしている状態なので気になりません。むしろ、こちらに詰め寄る相手をなだめ、ユーモラスに切り返しています。

落ち着いたメンタルが保てる

空席エクササイズの別バージョンのポイントは、2つです。

1つは**ネガティブな感情、思考、反応を呼吸とともに外へと吐き出し、リラックスする感覚をつかむこと。**

もう1つは、**話し相手の暴言や失言に対して冷静に対処する自分をイメージすること。**

このエクササイズを3、4回繰り返すと、実際の会話でも力を抜いて相手とコミュニケーションが取れるようになることがわかっています。

というのも、緊張でうまくしゃべれない人、落ち着いた会話をするのが苦手な人は、自分のネガティブな感情を内側に溜め込んでしまう傾向があるからです。そのため、必要以上に頑なな態度になってしまったり、相手に攻撃的になってしまったり、話の要点がズレていってしまったりします。

それが、想像の中でネガティブな感情をリリースできるようになると、**落ち着いたメンタルを保てる自分を描けるようになり、現実の会話でもいい方向への変化が表れる**のです。

不思議な作用に思えるかもしれませんが、新しく何かのスポーツを始めるときや運転免許証を取るときなどを考えてみてください。必ず私たちは基礎的な身体の動かし方、状況の判断の仕方を教わり、反復練習を繰り返しながら、実際のプレーや運転をイメージします。

2つの空席エクササイズで行っているのは、同じことです。

会話の場面とそのときの自分自身の感情の動きをシミュレーションする、事前の反復練習。そこにネガティブな要素をリリースする具体的な方法を組み込むことで、効果の出るトレーニングになっているのです。

POINT

力を抜いて話せるようになると、相手の失礼な態度にも冷静に対処できるようになる。

◀ うっかりミスを減らす「マインドフルスピーキング・トレーニング」

軽率なコミュニケーションをしてしまう人にオススメ

最後に紹介するのは、オーストラリアのモナシュ大学の研究チームが開発した会話のトレーニング「マインドフルスピーキング」です。

このトレーニングは、周囲の人とのやりとりの中で、悪意があるわけではないのに嫌味に取られるようなことを言ってしまったり、思わぬ失言をしてしまったり、余計なひと言を付け加えたことで相手の気分を損ねてしまったりなど、軽率なコミュニケーションが多い人向けのもの。

よく考えずに発言して後悔したことのある人、うっかりミスがあるなと反省したことの

ある人は、その軽率さを解決するために役立つので、試してみてください。

話し相手が必要なトレーニングですが、オンラインでのやりとりでも問題ありません。家族や友人に協力してもらい、実践していきましょう。

マインドフルスピーキングの3つのポイント

①会話のスピードを落とし、自分がどういうポジションで、誰と話しているかを意識する
②なぜ、この話をしようとしたのかをチェックする
③発言したあと、自分はどんな感情で話し、相手はどう受け取り、どう反応したかを観察する

①会話のスピードを落とし、自分がどういうポジションで、誰と話しているかを意識する

私たちは会話の最中、自分が話しているときほど、自分の世界に入ってしまいます。第1章の「信号機ルール」でもふれましたが、本人は自分の話が長くなっていると気づかずに、しゃべりがちです。

それでも多くの人は、相手の表情や反応を無意識に読み取っているので、失言やうっかりの回数はさほど増えません。つまり、**そういうミスが多い人は、自分の話に夢中になっている傾向がある**のです。

そこで、マインドフルスピーキングの1つ目のポイントは、しゃべっている自分を客観視するきっかけを作ること。会話のスピードを落とし、今、自分はどういう立場で誰と話しているかを意識しましょう。

②なぜ、この話をしようとしたのかをチェックする

2つ目のポイントは、自分がなぜこの話をしようとしたのかのチェックです。

第1章の「一時停止ルール」で扱った会話の「間」の間に、自分がしゃべっていること、これから言おうとしていること、そして、どうしてこの話題を選んだのか、どんな感情を相手に伝えようと思っているのかについて、再確認します。

オチのない話をしてはいけない……のではないですが、途中で何を言いたかったのかわからなくなることがある人は、この2つ目のポイントを意識してみましょう。

目的がぼやけ、内容が重複したり、とびとびになるのは、会話が下手な人の特徴です。

自分の会話の目的を意識すると、**軽率な発言で相手を傷つけるようなミスを防ぐことにつながります。**

③発言したあと、自分はどんな感情で話し、相手はどう受け取り、どう反応したかを観察する

3つ目のポイントは、会話がいったん終わったところで、自分がどういう感情を込めて発言したのか、振り返ります。そして、それを相手がわかってくれたのか、表情や反応を観察して、チェックしましょう。

狙いは、自分の会話に対して自覚的になり、意識を向けることです。とはいえ、1人で想像するだけではわかりづらいところがあると思います。そこで、モナシュ大学の研究チームがすすめるマインドフルスピーキングのトレーニング方法も合わせて紹介します。

マインドフルスピーキングのトレーニング方法

①親しい友人や家族に協力してもらい、話し手と聞き手になる

②会話のトピックを決める
③タイマーを3分間セットし、自分からゆっくり話し、相手の感情の変化を観察する
④ペアになった相手からチェックしてもらう
⑤話し手と聞き手を交代する

①親しい友人や家族に協力してもらい、話し手と聞き手になる

親しい友人や同僚、家族に協力してもらい、話し手と聞き手のペアになります。

②会話のトピックを決める

次に会話のトピックを決めましょう。最近の仕事のこと、週末の予定、お気に入りの場所、行ってみたい旅行先など、テーマはなんでもかまいません。ただ、深刻な悩みよりも、気楽に数分間話せる題材がいいでしょう。

③タイマーを3分間セットし、自分からゆっくり話し、相手の感情の変化を観察する

タイマーを3分間にセットし、話し手側が決めたトピックについて話します。その際、

マインドフルスピーキング

1 話し手と聞き手のペアになる

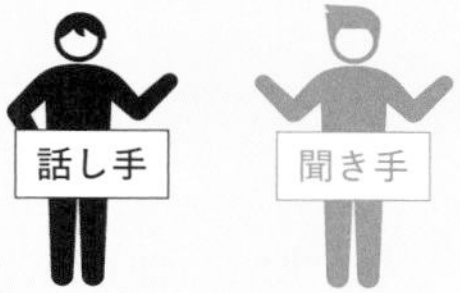
話し手
聞き手

2 会話のトピックを決める

おいしかった
食べもの
仕事
行きたい
ところ
ほしいもの

3 タイマーを3分間セットしてから、ゆっくり話す。
相手の感情を観察する

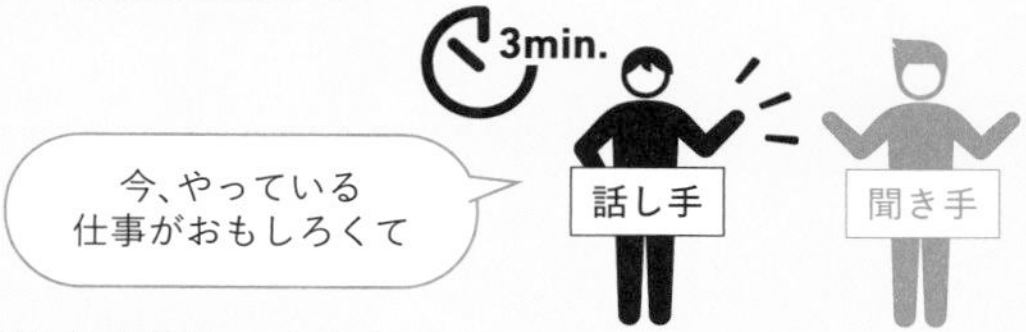
3min.
今、やっている
仕事がおもしろくて
話し手
聞き手

4 相手から質問してもらう

気づいたことは
あった？
話しているときの
気分はどう？
思った通りに
話せた？

5 話し手と聞き手を交代する

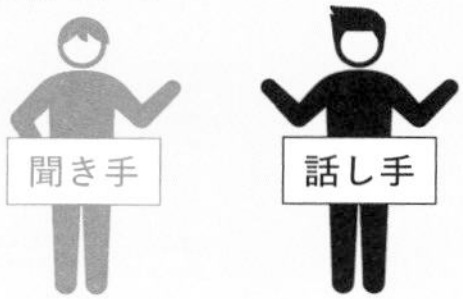
聞き手
話し手

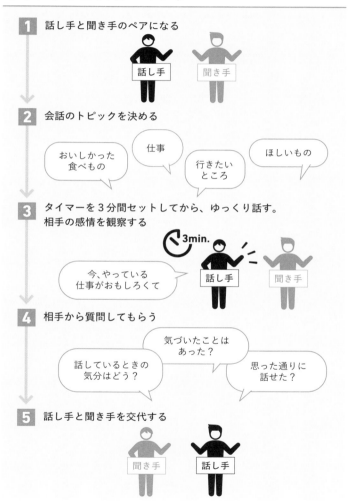

場を盛り上げよう、相手を気分よくさせようなどとは考えず、心の中にある事実だけを話すよう、心がけてください。

聞き手側は静かに傾聴を。話し手は嘘をつかず、自分の言いたいことをゆっくり話します。なぜ、ゆっくりかというと、話しながら聞き手の反応を観察していくためです。**どういう部分に興味を持ってくれたか、どんな感情で聞いていそうかなどに目を向けましょう。**

④ペアになった相手からチェックしてもらう

3分間話し終わったら、聞き手側になっていたペアから次の質問をしてもらいましょう。

・普段、話しているときに比べて、相手の反応を見ながらゆっくり話したことで、気づいたことはあったか?
・決めたトピックについて、意図した通りに話すことができたか?
・マインドフルスピーキングをしているときの気分はどうか?

実際に試してみて実感してもらいたい感覚ですが、じつは相手の反応を見ながら3分間ゆっくりと決まったトピックについて話すのはとても楽しい体験です。特に聞き手が笑ったり、驚いたり、ポジティブな反応を見せてくれると、楽しさは一気に高まります。

これは、SNSで「いいね」の数に一喜一憂するのと同じで、相手のリアクションが承認欲求を満たしてくれるから。つまり、1つ目と3つ目の質問に対してポジティブな気づきがあった話し手は、きちんと聞き手の様子を観察できていたということです。

ちなみに、2つ目の質問に対して後悔が残っているなら、それは知識が不足しているか、話の組み立てに難があったかのどちらか。ストーリーテリングを学びましょう。

ともかく3分間話してみて「おもしろかったな」と感じられたら、マインドフルスピーキングのトレーニングとしては成功です。

⑤話し手と聞き手を交代する

話し手と聞き手を交代して、もう一度、3分間マインドフルスピーキングをしていきます。その狙いは、**話し手が聞き手になることで聞く側の感覚を体験する**ことです。

こういう話し方だとわかりやすいんだなと気づくこともあれば、わかりにくいんだなという発見もあるでしょう。また、聞く側のリアクションがどれだけ話し手を勇気づけるかもよくわかるはずです。

マインドフルスピーキングは実際に話し相手とペアを組み、役割を交代しながら進めることで話す側、聞く側の双方の視点から話し方を学ぶことができるトレーニングとなっています。繰り返すうち、会話のやりとりを少し俯瞰的に見られるようになるので、これまで自覚せずにやってしまっていた失言、うっかりミスを避けられるようになります。

大切なのは、自分の話に没頭せず、相手の存在を大事に思いながら話すことです。

POINT

話している自分を客観視できるトレーニングなので、失言や、うっかりミスを減らすことができる。

自分の話に夢中になりすぎずに話すことを心がけて。

おわりに

ここまで、話し方に関する多くのテクニックやトレーニングを紹介してきました。
会話スターター、CARフレームワーク、ストーリーテリング、自己開示の方法、内面の静けさを作り出すメンタルトレーニング……あなたの悩みを解決するきっかけをつかむことはできましたか？

もちろん、すべてを実践する必要はなく、あなたの悩みの解決につながる方法から試していきましょう。それでも、こんなやり方もあるのか、この方法も……と読み進めるうち、何から手をつけていいのか、混乱してしまうことがあるかもしれません。

また、実際にさまざまなシチュエーションで、CARフレームワークやストーリーテリングを念頭に置きながら会話を重ねる中で、自分らしい話し方を見失ってしまうこともあるかもしれません。

そんなとき、立ち返る自分らしさを確認できれば、迷いがなくなります。

本書の締めくくりとして、「価値観の特定」というトピックを紹介します。

これはＵＣＬＡ（カリフォルニア大学ロサンゼルス校）の研究によって効果が立証されている手法で、話し方や話題の選び方に迷ったときに活用すると、ポジティブなコミュニケーションを行える確率を高めてくれます。

やるべきことは、１つだけです。

迷ったときは、あなたの根底にある価値観について考えましょう。

・話し相手に伝えたいことを明確にしたいとき
←
あなたが、人生で最も大事にしている価値観は？

・どんな相手と関係性を深めたいのか迷ったとき
←
人間関係において、最も大切にしている価値観は？

・話し方で迷ったとき

←

コミュニケーションにおいて、最も大切にしている価値観は？

あなたの根底にある価値観を問い直すことで、本来の自分に立ち返ることができます。しかも、UCLAの研究によると、「価値観の特定」を行うと、脳内の神経の内分泌機能が正常化されるとも指摘されています。つまり、メンタル面で落ち着きを取り戻せるだけではなく、脳内の混乱状態もリセットされ、ポジティブなコミュニケーションを行うのに最適なバランスが整うのです。

私は自分の中に迷いを感じたときは、「人生で最も大事にしている価値観は、好奇心」と唱えるようにしています。

すると、「好奇心を刺激してくれる人、つまり、自分を成長させてくれる人と人間関係を深めていきたい」「好奇心を満たしてくれるような仲間とのコミュニケーションの機会を増やしていきたい」という自分らしい軸を再確認できるわけです。

序章の冒頭で、私はあなたが話し方に求めている成果について質問しました。

・多くの人に好かれたい
・初対面でも、うまく話したい
・会話の間の気まずい沈黙を避けたい
・相手から賢そうに見られたい
・自分の意図をきちんと伝えたい
・誰に対しても、説明上手になりたい
・滑らない雑談をして、場を盛り上げたい
・大切な人の力になりたい

そして、科学的な話し方を知ることから始まる好循環（話し方が変わり、人間関係が円滑になる→コミュニケーションに自信が持てるようになる→自信が余裕と魅力を生み、話す言葉と内容に説得力が増していく）を紹介しました。

あなたが求めている成果、科学的な話し方を知ることから始まる好循環のどちらにも、あなたの価値観は深く関わっています。なぜなら、自分の根底にある価値観を明らかにしてからコミュニケーションに臨むと、あなたがその人と話したいと思った理由がわかり、それがわかるからこそ、深い話もしやすくなるからです。

ぜひ、あなたが大事にしている価値観を言葉にし、声に出してみてください。

その価値観に沿った話し方をしていくことで、あなたの周りにお互いが成長し合える仲間が集ってくるはずです。

2021年3月

メンタリストDaiGo

超トーク力

心を操る話し方の科学

2021年4月26日　初　　版
2021年5月18日　初版第3刷

著　者　メンタリストDaiGo
発行者　小林圭太
発行所　株式会社CCCメディアハウス
〒141-8205 東京都品川区上大崎3丁目1番1号
電　話　販売 03-5436-5721
編集 03-5436-5735
http://books.cccmh.co.jp

印刷・製本　株式会社 新藤慶昌堂

ISBN 978-4-484-21208-1